INHALTSVERZEICHNIS

ESCAPE ROOMS UND BREAKOUTS

Seit Jahren erfreuen sich sogenannte Escape Rooms – auch Exit Games oder Exit Rooms genannt – in vielen Großstädten weltweit einer immer größeren Beliebtheit.

Bei diesem Spiel wird eine Gruppe aus mehreren Personen für eine bestimmte Zeit – in der Regel zwischen 45 und 90 Minuten – in einem Raum eingeschlossen. Um die Mission zu erfüllen bzw. rechtzeitig aus dem Raum zu entkommen, müssen Hinweise gefunden, verschiedene Rätsel gelöst, Gegenstände manipuliert und Schlösser, Geheimgänge und -türen geöffnet werden. Je besser man dabei als Team zusammenarbeitet, Aufgaben verteilt und miteinander kommuniziert, umso höher ist die Wahrscheinlichkeit, erfolgreich zu sein. Problemlösendes Denken und Teamwork stehen im Vordergrund. In der Regel wird dabei jedes Team über Kameras beobachtet, sodass die Spielleitung gegebenenfalls eingreifen und Hinweise geben kann.

Die Grundidee der Escape Rooms kann in abgewandelter und angepasster Form auch auf die Turnhalle übertragen werden – natürlich ohne die Schüler*innen einzusperren. Man spricht dann von einem (Edu)Breakout, das seinen Ursprung in den USA hat.

Breakouts können durchaus unterschiedlich gestaltet sein, das zugrundeliegende Prinzip entspricht jedoch immer der Grundidee der Escape Rooms: Die Schüler*innen verfolgen in ihren Teams ein gemeinsames Ziel, das hier letztlich darin besteht, sich durch das erfolgreiche Lösen des Breakouts, das sich aus verschiedenen Aufgaben und Rätseln zusammensetzt, von einer anderen Aufgabe zu befreien bzw. bei der Lösung einer weiteren Aufgabe zu helfen.

AUFBAU EINES BREAKOUTS

Das Breakout beginnt mit einer **Rahmengeschichte** bzw. einem **Einstieg**, der eine doppelte Funktion hat. Zum einen sollen die Schüler*innen zum Thema hingeführt werden, zum anderen definiert der Einstieg eine Lücke, die es zu schließen gilt: Im vorliegenden Fall handelt es sich dabei meist um das Bewältigen eines Problems, das durch verschiedene Bewegungsaufgaben gelöst werden kann. Die Rätsel dienen zumeist dazu, herauszufinden, **welche Bewegungsaufgabe** genau ausgeführt werden muss.

Die **Kontextualisierung der Bewegungsaufgaben** in einen größeren Zusammenhang soll lediglich als Ansporn dienen, die Aufgaben möglichst sorgfältig zu bewältigen. Der eigentliche Antrieb sollte dennoch die **Freude an der Bewegung sein**.

Aufgrund des Materialbedarfs ist es sinnvoll, dass die Kleingruppen mit unterschiedlichen Rätseln und damit auch unterschiedlichen Bewegungsaufgaben beginnen. Somit wird ein Stau an einer Station verhindert und die Gruppen können weniger leicht voneinander abschauen. Wurde ein Rätsel samt Bewegungsaufgabe erfolgreich absolviert, erhält die Gruppe ein neues Rätsel. Somit behält die **Lehrkraft den Überblick**, welches Team gerade bei welcher Aufgabe ist und **wie sauber die Bewegungen ausgeführt** werden.

EINSATZ IM UNTERRICHT

Breakouts sind weniger als Methode, sondern vor allem als Motivationsmittel und Anwendungsform zu verstehen. Sie eignen sich deshalb auch besonders gut als **Einführung in neue Unterrichtsthemen** sowie als **abschließende Festigung oder Wiederholung**.

Florian Bartl

Escape Rooms
für den Sportunterricht 5–13

Einfach und sofort umsetzbar.
Zu zentralen Lehrplanthemen.
Teambildend und motivierend.

Wir haben uns für die Schreibweise mit dem Sternchen entschieden, damit sich Frauen, Männer und alle Menschen, die sich anders bezeichnen, gleichermaßen angesprochen fühlen. Aus Gründen der besseren Lesbarkeit für die Schüler*innen verwenden wir in den Kopiervorlagen das generische Maskulinum. Bitte beachten Sie jedoch, dass wir in Fremdtexten anderer Rechtegeber*innen die Schreibweise der Originaltexte belassen mussten.

In diesem Werk sind nach dem MarkenG geschützte Marken und sonstige Kennzeichen für eine bessere Lesbarkeit nicht besonders kenntlich gemacht. Es kann also aus dem Fehlen eines entsprechenden Hinweises nicht geschlossen werden, dass es sich um einen freien Warennamen handelt.

1. Auflage 2024

Autor*innen: Florian Bartl
Covergestaltung: Kirstin Lenhart München
Umschlagfoto: iStock – fergregory
Illustrationen: Kristina Klotz
Satz: tebitron gmbh, Gerlingen
Druck und Bindung: Korrekt Nyomdaipari Kft.
ISBN 978-3-403-**08740**-3

www.auer-verlag.de

Neben dem Erwerb und der Festigung bzw. Wiederholung von fachspezifischem Wissen bzw. sportartspezifischen Fähigkeiten geht es bei dieser Unterrichtsidee aber auch um **Kommunikation und Kooperation im Team**, um logisches und problemlösendes Denken, Durchhaltevermögen, Selbstreflexion und zielorientiertes Handeln.

Breakouts werden in **Teams** von mindestens drei bis maximal sechs Schüler*innen bearbeitet. Die Schüler*innen knobeln gemeinsam, sie beraten sich und müssen es auch aushalten, die Lösung nicht immer direkt präsentiert zu bekommen. Zudem liegt der Fokus stark auf der **gemeinsamen Ausführung einer Bewegung**.

Wie bei anderen Gruppenarbeiten wird es sich auch hier nicht verhindern lassen, dass sich einzelne Gruppenmitglieder stärker und andere weniger stark einbringen. Grundsätzlich aber steigen die Chancen, die Rätsel schnell und erfolgreich zu lösen, wenn sich auch wirklich alle Schüler*innen beteiligen und ihr Wissen bzw. ihre Überlegungen einbringen.
Deshalb, und natürlich auch wegen des möglichen Wettbewerbscharakters, kann sich auch eine andere Gruppendynamik entwickeln – ein Aspekt, den es bei der Gruppenzusammensetzung zu berücksichtigen gilt. Zudem sollte beachtet werden, wie das sportliche Können innerhalb der Gruppe ist, um entweder homogene oder heterogene Gruppen zu haben. Die Lösungen der Rätsel sind aus meiner Erfahrung in den Klassen mit ein bisschen Überlegen bzw. Ausprobieren der Bewegungen erätselbar.

Für die **Durchführung des ersten Breakouts** in einer Klasse ist großzügig Zeit einzuplanen, da sich die Schüler*innen zunächst mit dem Vorgehen und der Arbeitsform vertraut machen müssen. Die Lehrkraft sollte so wenig Hinweise wie möglich geben. Teamwork ist gefragt. Sind dennoch **Hilfestellungen** vonseiten der Lehrkraft notwendig, so sollte darauf geachtet werden, dass die Lernmotivation und Anstrengungsbereitschaft der Schüler*innen unterstützt wird, die Teams aber gleichzeitig das Gefühl haben, die Aufgabe selbstständig und kooperativ lösen zu können.

Im Idealfall schaffen es alle Teams, das Breakout erfolgreich zu absolvieren, sodass die Schüler*innen aufgrund dieses Erfolgserlebnisses auch zukünftige Breakouts motiviert angehen.

Die Teams werden für das Breakout **unterschiedlich viel Zeit** benötigen. Die Lehrkraft sollte sich daher bereits im Vorfeld überlegen, wie Gruppen weiter beschäftigt werden können, die vielleicht schon zehn oder fünfzehn Minuten vor den anderen Teams fertig sind. So könnten die Schüler*innen beispielsweise angehalten werden, schwächere Teams, die die Rätsel noch nicht gelöst haben, mit Tipps zu unterstützen.

Ist den Schüler*innen die Arbeitsform bekannt, kann auch mit **Zeitvorgaben** gearbeitet und das Breakout als **Wettbewerb** gestaltet werden. Die Gruppe, die die Aufgabe als Erstes löst, erhält einen zusätzlichen Preis (z. B. eine Urkunde/Auszeichnung oder einen Gutschein).

Am Ende einiger Bewegungsaufgaben führen die Schüler*innen **Laufrunden als Ersatz** durch, wenn sie die Bewegungsaufgabe nicht adäquat bewältigt haben.

Im Idealfall sollten die Rätsel nach der Durchführung des Breakouts inhaltlich nachbesprochen werden. Die Durchführung der Ersatz-Laufrunden müssen die Schüler*innen selbst einschätzen und sind dabei meiner Erfahrung nach auch sehr ehrlich bzw. erledigen die geforderte Aufgabe gewissenhaft. Dennoch ist es wohl sinnvoll, dass die Lehrkraft auf die ordentliche Durchführung der Aufgaben achtet und ggf. darauf hinweist, wenn etwas nicht passt. Natürlich kann auch die Lehrkraft die Ersatz-Laufrunden einfordern, wenn die Schüler*innen das nicht aus freien Stücken machen.

Die Lehrkraft sollte **nach Regeln bzw. Inhalten fragen**, die mutmaßlich noch nicht allen Schüler*innen tatsächlich geläufig sind. Darüber hinaus sollten die Inhalte durch weitere Anwendungen gefestigt werden – auch bei den Breakouts, die auf Wiederholung bzw. Festigung zielen. Dies könnte z. B. dadurch erfolgen, dass in Folgestunden oder bereits vorab entsprechende/ähnliche Übungen eingesetzt werden, sodass das Breakout nur der Wiederholung dient.

Je nach Klasse und Durchführungssituation kann außerdem eine **Reflexion** der Gruppenarbeit sinnvoll sein.

Da die reine Spieldauer bei den Breakouts in diesem Band auf **45 Minuten** angesetzt ist, empfiehlt es sich, stets eine Doppelstunde zur Verfügung zu haben. So wird sichergestellt, dass eventuelle Fragen geklärt werden können und auch langsamere Gruppen zum Ziel kommen.

CHECKLISTE ZUR VORBEREITUNG UND DURCHFÜHRUNG EINES BREAKOUTS

Benötigte Materialien:

- [ ] ggf. Umschlag für die Hinweiskarten und Rätselblätter (je Team)
- [ ] „Belohnung“ für das schnellste Team
- [ ] Einstieg zum Vorlesen
- [ ] ______________________________
- [ ] ______________________________
- [ ] ______________________________
- [ ] ______________________________

Kopiervorlagen (je Team):

- [ ] Aufgabe __________
- [ ] Aufgabe __________
- [ ] Aufgabe __________
- [ ] Aufgabe __________
- [ ] Abschlussrätsel

LEITFRAGEN REFLEXIONSRUNDE

Mögliche Leitfragen:

★ Wie habt ihr als Team zusammengearbeitet?
★ Wie habt ihr die Aufgaben in eurem Team aufgeteilt?
★ Warum seid ihr beim Breakout (nicht) erfolgreich gewesen?
★ Wie sieht gute Teamarbeit aus?
★ Was habe ich über mich und mein Team beim Breakout gelernt?
★ Was würde ich beim nächsten Breakout wieder genauso machen, was würde ich anders machen?
★ Welche Aufgabe(n) war(en) für mich besonders leicht, welche war(en) besonders schwer? Begründe.
★ Was habe ich inhaltlich während des Breakouts gelernt? Fasse den Inhalt in fünf Sätzen zusammen.
★ Welche Erfahrungen aus dem Breakout könnt ihr auch auf andere Situationen übertragen?

HINWEISE FÜR DIE LEHRKRAFT

- ★ Niveau: leicht
- ★ Dauer: 1 Unterrichtsstunde
- ★ Einführung / Vertiefung
- ★ Vorkenntnisse: grundlegende Bewegungsabläufe der gängigen Fitnessübungen sowie grundlegende theoretische Kenntnisse hierzu

Didaktische Situierung

Beim Breakout zum Thema „Fitness“ sollen die Schüler*innen verschiedene Übungen aus dem Fitnesssport ausführen. Somit ist das Breakout vor allem ein Workout, das in spielerischer Gestalt dargeboten wird.

Die Schüler*innen haben eine besondere Rahmenaufgabe zu bewältigen (siehe **Einstiegsgeschichte**): Sie sollen einem Roboter verschiedene Bewegungen beibringen. Zunächst gilt es jedoch zu erräteln, um welche Bewegungen es sich handelt.

Das Breakout kann im Rahmen der Fitnessschulung durchgeführt werden, es eignet sich aber auch für den Einsatz in Vertretungsstunden, da die Dauer auf eine Stunde angesetzt ist und das Thema in sich geschlossen ist bzw. keine besonderen Vorkenntnisse erfordert, außer der Kenntnis grundlegender Bodyweight-Übungen.

Teams: Das Breakout sollte in Teams von drei bis maximal sechs Schüler*innen durchgeführt werden. Idealerweise startet jedes Team mit einer anderen Aufgabe, damit nicht alle Schüler*innen an derselben Station arbeiten.

Material: Für das Breakout sind lediglich Stoppuhren erforderlich.

Übersicht über die Rätsel und Lösungen

AUFGABE 1: KNIEGELENK BEWEGEN	
Kurzbeschreibung	Die Schüler*innen sollen dem Roboter zeigen, wie er seine Kniegelenke benutzen kann. Dazu müssen sie einen kurzen Lückentext lösen, um herauszufinden, welche Bewegungsaufgabe die richtige ist, und führen dann Squats aus.
benötigte Materialien	★ Bewegungsaufgabe „Kniegelenk bewegen“ ★ 1 Stoppuhr pro Team
Lösung	Einzusetzende Wörter: Kniegelenk (3); Kreuzbandriss (7); Kniebeugen (9) Rechnung: 3 · 7 · 9 = **189**

AUFGABE 2: ARME BEWEGEN

Kurzbeschreibung	Die Aufgabe besteht darin, dem Roboter Armbewegungen beizubringen bzw. Kräftigungsübungen für die Arme durchzuführen. Die Aufgabe erschließt sich erst, wenn Fragen zum Bewegungsapparat der oberen Extremitäten richtig beantwortet werden. Es sollen High- und Low-Planks im Wechsel durchgeführt werden.
benötigte Materialien	★ Bewegungsaufgabe „Arme bewegen" ★ 1 Stoppuhr pro Team
Lösung	Die korrekten Sätze sind: a); c); d). Rechnung: 5 · 6 · 7 = **210**

AUFGABE 3: GEHEN LERNEN

Kurzbeschreibung	Um dem Roboter das Gehen beizubringen, sollen die Schüler*innen Lunges ausführen. Um die konkrete Bewegungsaufgabe herauszufinden, müssen drei Bilder verschiedener Phasen von Lunges sortiert werden, sodass sich eine dreistellige Zahl ergibt, die dann die Dauer der Übung anzeigt.
benötigte Materialien	★ Bewegungsaufgabe „Gehen lernen" ★ 1 Stoppuhr pro Team
Lösung	Die richtige Reihenfolge ist **132**.

AUFGABE 4: KOMPLEXE BEWEGUNGSABLÄUFE

Kurzbeschreibung	Die Bewegungsaufgabe wird zu Beginn schon konkret genannt. Das Rätsel dient dazu, den Code herauszufinden.
benötigte Materialien	★ Bewegungsaufgabe „Komplexe Bewegungsabläufe" ★ 1 Stoppuhr pro Team
Lösung	Die Zahlen der falschen Sätze sind: 3 · 5 · 6 = **90**

ABSCHLUSSRÄTSEL

Kurzbeschreibung	Aus den bisherigen Rätseln wird ein Abschlusscode ermittelt.
benötigte Materialien	★ Abschlussrätsel
Lösung	Gesamtlösung: Addition der 4 Zahlen aus den Aufgaben 1–4: 189 + 210 + 132 + 90 = **621** → **Das ist der finale Code.**

Sensation!

Forscher haben eine neuartige künstliche Intelligenz entwickelt, die sich Bewegungen selbst beibringt, indem sie Bewegungsabläufe bei Menschen beobachtet.
Ihr seid ausgewählt worden, um dem Roboter diese Bewegungen beizubringen!

Schritt für Schritt sollt ihr in der Gruppe Bewegungen ausführen, die der Roboter beobachten kann. Die Bewegungen werden mehrfach wiederholt, damit der Roboter Zeit zum Beobachten hat.

Dabei ist es wichtig, dass wirklich jeder die Bewegungen richtig ausführt und bis zum Ende mitmacht. Der Roboter beobachtet nämlich tatsächlich alles und könnte sich sonst falsche Bewegungsmuster aneignen. Das muss auf jeden Fall vermieden werden!

Um herauszufinden, welche Bewegung ihr dem Roboter vormachen sollt, müsst ihr zunächst kleine Rätsel lösen. Der Zahlencode, der sich ergibt, verweist auf die entsprechende Bewegungsaufgabe.

Also – los geht's!

Ach ja, Vorsicht: Solltet ihr nicht alle die Übungen korrekt ausführen oder schon vor dem Ende einer Übung abbrechen müssen, heißt das, dass ihr an eurer eigenen Fitness arbeiten müsst. Und das bedeutet: **fünf Hallenrunden für alle!**

AUFGABE 1: KNIEGELENK BEWEGEN

Material: Stoppuhr

Zeigt dem Roboter, wie er seine Kniegelenke benutzen kann!
Setzt dazu die passenden Wörter aus der Auswahl in die Lücken ein. Multipliziert dann die Zahlen bei den Lösungswörtern miteinander. Die sich ergebende dreistellige Zahl zeigt euch, welche Bewegungsaufgabe ihr ausführen sollt.

Wadenmuskulatur (1)	Meniskus (2)	Kniegelenk (3)
Quadriceps femoris (4)	Gastrocnemius (5)	Adduktorenriss (6)
Kreuzbandriss (7)	Liegestütze (8)	Kniebeugen (9)

Lückentext

Die sog. „articulatio genus“ (_ _ _ _ _ _ _ _ _ _) ist das wichtigste Gelenk zur Verbindung von Ober- und Unterschenkel. Dieses Gelenk ist immer wieder von Verletzungen betroffen, sehr oft hört man z. B. vom sogenannten _ _ _ _ _ _ _ _ _ _ _ _ _. Um im Kniegelenk Stabilität zu erreichen, können gezielte Übungen zum Muskelaufbau dienen, wie z. B. Squats (_ _ _ _ _ _ _ _ _ _).

Rechnung: ______ · ______ · ______ = ______

Welche Bewegungsaufgabe ist die richtige? Kreuzt an und führt sie durch.

120 ◯	189 ◯	151 ◯
Macht **Treppenläufe**. Sucht euch 10 Stufen, die ihr nach oben und unten rennt. Ihr macht insgesamt **5 Sätze. Pro Satz** rennt ihr **5-mal nach oben,** danach **20 Sekunden Pause**.	Führt **Squats** (Kniebeugen) aus. Gerne könnt ihr die **Squats auch mit einem Sprung** verbinden. Damit zeigt ihr dem Roboter, wie ihr mehr Dynamik in die Bewegung bringt. Ihr macht insgesamt **5 Sätze**. Dauer **pro Satz: 45 Sekunden Training, 15 Sekunden Pause**.	Ihr macht **Mountain-climber**. Geht dazu in die Liegestützposition und zieht euer Knie in Richtung der Brust. Ihr macht insgesamt **5 Sätze**. Dauer **pro Satz: 45 Sekunden Training, 15 Sekunden Pause**.

Geschafft?
Ihr erhaltet den nächsten Umschlag mit einem neuen Rätsel zu einer Bewegungsaufgabe!

Nicht geschafft?
Lauft als Team 5 Hallenrunden, dann erhaltet ihr den nächsten Umschlag.

AUFGABE 2: ARME BEWEGEN

Material: Stoppuhr

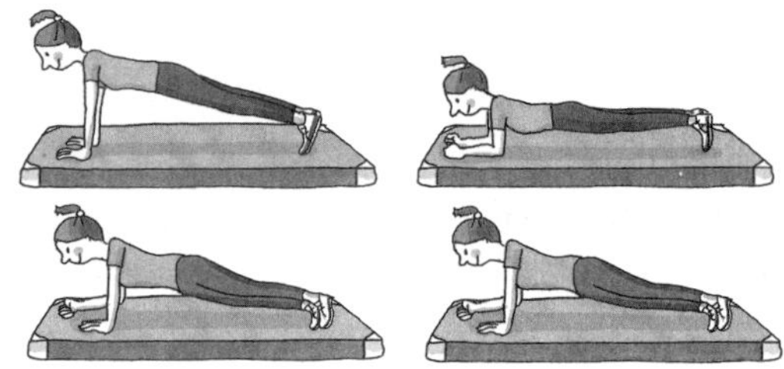

Helft nun dem Roboter, seine Arme zu benutzen. Allerdings gilt es, zuvor wieder ein Rätsel zu lösen!

Von den folgenden 6 Sätzen sind nur 3 richtig. Findet heraus, welche es sind. Multipliziert dann die Zahlen miteinander, die bei den <u>richtigen</u> Sätzen in Klammern stehen. Das Ergebnis zeigt euch, was ihr dem Roboter als Nächstes vormachen sollt.

a) Der Muskel, der hauptsächlich für die Beugung im Ellenbogengelenk verantwortlich ist, heißt „biceps brachii". (5)

b) Der hauptsächliche Strecker im Ellenbogengelenk heißt „Quadrizeps" (4)

c) Die Brustmuskeln sind für die Heranführung des Oberarms an den Oberkörper zuständig. (6)

d) Im Ellenbogengelenk bilden Oberarm, Elle und Speiche verschiedene Gelenke, die mehrere Bewegungen ermöglichen. (7)

e) Der Fachbegriff für „Elle" lautet „radar". (8)

f) Der Fachbegriff für „Oberarm" lautet „humus". (9)

Rechnung: ______ · ______ · ______ = ______

Welche Bewegungsaufgabe ist die richtige? Kreuzt an und führt sie durch.

120 ◯	210 ◯	224 ◯
Macht **Liegestütze**. Ihr macht insgesamt **5 Sätze**. Dauer **pro Satz: 45 Sekunden Training, 15 Sekunden Pause**. Gerne könnt ihr die Liegestütze variieren, indem ihr z. B. den Abstand eurer Hände verändert (Daumen berühren sich, Hände mehr als schulterbreit auseinander ...).	Führt **High Planks / Low Planks** (d. h. Liegestützposition einmal auf den Unterarmen, dann auf den Händen) im Wechsel durch. Um dem Roboter zu zeigen, wie Bewegungen kombiniert werden können, könnt ihr im High Plank zusätzlich die Beine im Wechsel noch anwinkeln. Ihr macht insgesamt **5 Sätze**. Dauer **pro Satz: 45 Sekunden Training, 15 Sekunden Pause**.	Haltet die **Liegestützposition statisch**. Ihr macht insgesamt **5 Sätze**. Dauer **pro Satz: 45 Sekunden im hohen Liegestütz, 15 Sekunden Pause**.

Geschafft?
Ihr erhaltet den nächsten Umschlag mit einem neuen Rätsel zu einer Bewegungsaufgabe!

Nicht geschafft?
Lauft als Team 5 Hallenrunden, dann erhaltet ihr den nächsten Umschlag.

AUFGABE 3: GEHEN LERNEN

Material: Stoppuhr

Der Roboter soll nun lernen, wie man Schritte macht. Zeigt ihm dazu Lunges. Gerne könnt ihr dem Roboter auch die Dynamik in der Bewegung zeigen, wenn ihr beim Wechsel vom einen auf das andere Bein einen Sprung einbaut. Um herauszufinden, wie oft bzw. wie lange ihr die Übung machen sollt, sortiert die folgenden 3 Bilder in die richtige Reihenfolge, angefangen mit der Ausgangsstellung. Die zu den Bildern gehörenden Zahlen 1, 2, 3 in der richtigen Reihenfolge ergeben eure Aufgabe.

(2)

(1)

(3)

Richtige Reihenfolge: ____ ____ ____

Welche Bewegungsaufgabe ist die richtige? Kreuzt an und führt sie durch.

132 ○	123 ○	321 ○
Macht Lunges / Ausfallschritte, und zwar **4 Sätze**. Dauer **pro Satz: 40 Sekunden Training, 20 Sekunden Pause.**	Macht Lunges / Ausfallschritte, und zwar **5 Sätze**. Dauer **pro Satz: 45 Sekunden Training, 15 Sekunden Pause.**	Macht Lunges / Ausfallschritte, und zwar **4 Sätze**. Dauer **pro Satz: 45 Sekunden Training, 15 Sekunden Pause.**

Geschafft?
Ihr erhaltet den nächsten Umschlag mit einem neuen Rätsel zu einer Bewegungsaufgabe!

Nicht geschafft?
Lauft als Team 5 Hallenrunden, dann erhaltet ihr den nächsten Umschlag.

AUFGABE 4: KOMPLEXE BEWEGUNGSABLÄUFE

Material: Stoppuhr

Der Roboter soll lernen, wie Bewegungen miteinander kombiniert werden können. Macht dazu Burpees. Ihr macht insgesamt **5 Sätze**. Dauer **pro Satz: 45 Sekunden Training, 15 Sekunden Pause**.

Zudem müsst ihr aus den folgenden 6 Sätzen die 3 falschen herausfinden. Multipliziert die Zahlen der <u>falschen</u> Sätze miteinander, um einen Code zu erhalten.

1. Bei Lunges wird der „gluteus maximus" (großer Gesäßmuskel) trainiert.
2. Durch regelmäßiges Fitnesstraining kann der Ruhepuls gesenkt werden.
3. Bei Liegestützen wird der Oberarmstrecker isoliert trainiert.
4. Es gibt gerade und schräge Bauchmuskeln.
5. Fitnesstraining sollte nie in Form eines Intervalltrainings stattfinden.
6. Krafttraining kann nur an Geräten erfolgen.

Zahlen der falschen Sätze: ______ · ______ · ______ = ______

Geschafft?
Ihr erhaltet den nächsten Umschlag mit einem neuen Rätsel zu einer Bewegungsaufgabe!

Nicht geschafft?
Lauft als Team 5 Hallenrunden, dann erhaltet ihr den nächsten Umschlag.

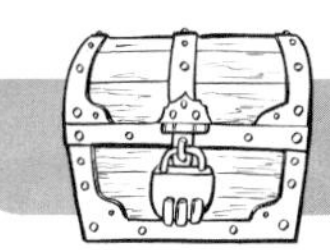

ABSCHLUSSRÄTSEL

Alle Aufgaben erledigt?

Bringt jetzt den Roboter zum Laufen: Ihr habt bei den Aufgaben 1–4 insgesamt 4 Zahlen erätselt. Addiert diese Zahlen, um den Abschlusscode zu erhalten, mit dem der Roboter programmiert werden kann!

_____________ + _____________ + _____________ + _____________ = _____________

Ihr habt es geschafft! Dank eures Einsatzes kann der Roboter sich jetzt selbstständig bewegen. Er hat euch die Bewegungen so gut abschauen können, dass er alles gelernt hat, was er zum freien Bewegen benötigt!

Vielen Dank, die Entwickler des Roboters sind euch zutiefst dankbar!

HINWEISE FÜR DIE LEHRKRAFT

- ★ Niveau: leicht
- ★ Dauer: 1 Unterrichtsstunde
- ★ Festigung / Vertiefung
- ★ Vorkenntnisse: grundlegende Bewegungsabläufe beim Basketball (Positionswurf, Sprungwurf, Korbleger, Passen und Fangen)

Didaktische Situierung

Das Breakout zum Thema „Basketball" dient dem Einüben bzw. der Festigung der Grundtechniken des Basketballsports.

Die Schüler*innen bekommen in diesem Breakout die Möglichkeit, ihr Ballhandling und ihre Treffsicherheit zu trainieren. Zudem wird im Breakout vermittelt, wie die Sportart Basketball entstanden ist. Die Schüler*innen begeben sich in die Vergangenheit und assistieren dem Arzt und Pädagogen James Naismith dabei, die Regeln und Techniken des Basketballs zu entwickeln (siehe **Einstiegsgeschichte**).

Das Breakout kann gut eingesetzt werden, um den Schüler*innen nach einer Basketballsequenz die Möglichkeit zu geben, das Erlernte zu trainieren bzw. einzusetzen. Der Zeitaufwand für das Breakout ist so geplant, dass es in einer Unterrichtsstunde gut durchzuführen ist.

Teams: Das Breakout sollte in Teams von vier oder sechs Schüler*innen durchgeführt werden (am besten ist eine gerade Zahl an Schüler*innen). Idealerweise startet jedes Team mit einer anderen Aufgabe, damit nicht alle Schüler*innen an derselben Station arbeiten.

Material: Für das Breakout sind nur Basketbälle (pro Schüler*in 1 Ball) und Hütchen (10 Stück) erforderlich, die sich die Schüler*innen aus dem Materialschrank holen können, sowie Basketballkörbe.

Übersicht über die Rätsel und Lösungen

AUFGABE 1: WERFEN UND FANGEN	
Kurzbeschreibung	Mittels einfacher Aussagen zu den Techniken des Werfens und Fangens sollen die Schüler*innen herausfinden, welche Bewegung sie ausführen sollen, um die nächste Aufgabe zu erhalten.
benötigte Materialien	★ Bewegungsaufgabe „Werfen und Fangen" ★ 1 Basketball pro Schüler*in
Lösung	Die korrekten Sätze sind: b); d); e). Rechnung: 3 · 5 · 6 = **90**

AUFGABE 2: DRIBBLING

Kurzbeschreibung	Bei dieser Bewegungsaufgabe sollen die Schüler*innen ihr Ballhandling beim Dribbling zeigen. Nur mit einem korrekt ausgeführten Dribbling ist es im Basketball möglich, sich mit Ball fortzubewegen, sodass dieser Bewegung eine große Bedeutung zukommt. Durch das Lösen einfacher Fragen erfahren die Schüler*innen, welche Bewegung genau ausgeführt werden soll.
benötigte Materialien	★ Bewegungsaufgabe „Dribbling“ ★ 1 Basketball pro Schüler*in, 10 Hütchen
Lösung	Die korrekten Sätze sind: 1a); 2c); 3a). Rechnung: 2 · 7 · 8 = **112**

AUFGABE 3: KORBWURF

Kurzbeschreibung	Ziel beim Basketball ist es, den Ball im Korb zu versenken. In dieser Bewegungsaufgabe wird der Positionswurf trainiert. Um herauszufinden, welche Bewegungsaufgabe auszuführen ist, sollen Bilder zu verschiedenen Phasen des Positionswurfes in die richtige Reihenfolge gebracht werden. Die korrekte Abfolge der Zahlen stellt den Code der Bewegungsaufgabe dar.
benötigte Materialien	★ Bewegungsaufgabe „Korbwurf“ ★ 1 Basketball pro Schüler*in, Basketballkörbe
Lösung	Die richtige Reihenfolge ist **35124**.

AUFGABE 4: KORBLEGER

Kurzbeschreibung	Der Korbleger ist die wohl sicherste Art, den Ball in den Korb zu bringen. Die Schüler*innen bekommen die Aufgabe, in einer Komplexübung ihre Treffsicherheit beim Korbleger zu zeigen. Welche Aufgabe auszuführen ist, erfahren die Schüler*innen, wenn sie die richtigen Aussagen zum Korbleger herausfinden.
benötigte Materialien	★ Bewegungsaufgabe „Korbleger“ ★ 1 Basketball pro Schüler*in, Basketballkörbe
Lösung	Die richtigen Aussagen sind: a); c); e). Rechnung: 2 · 4 · 6 = **48**

ABSCHLUSSRÄTSEL	
Kurzbeschreibung	Aus den bisherigen Rätseln wird ein Abschlusscode ermittelt.
benötigte Materialien	★ Abschlussrätsel
Lösung	Gesamtlösung: Addition der 4 Zahlen aus den Aufgaben 1–4: 90 + 112 + 35124 + 48 = **35374** → **Das ist der finale Code.**

Einstieg

James Naismith ist verzweifelt. Der Arzt und Pädagoge hat von seinem Chef die Aufgabe bekommen, eine neue Sportart zu erfinden, bei der es nur wenige Verletzungen gibt. Footballtraining in der Halle hatte sich als zu gefährlich erwiesen – eine Alternative musste her!

Naismith war zunächst gar nicht begeistert von seinem Auftrag, doch schließlich erinnerte er sich an ein Spiel, das er als Kind gerne gespielt hatte: Duck on a rock.

Das Ziel bei diesem Spiel war es, mit einem geworfenen Ball ein kleines Objekt (z. B. eine Entenfigur) von einem Stein zu schießen. Dieses Spiel wollte James Naismith ein wenig verfeinern.

Dazu braucht er jetzt allerdings die Hilfe junger Sportlerinnen und Sportler, die seine Ideen in der Praxis ausprobieren.

Genau das ist jetzt eure Aufgabe: Ihr sollt die Grundideen des Basketballs ausprobieren und so James Naismith bei der Entwicklung der Sportart Basketball helfen.

Also, an die Bälle, fertig, los!

AUFGABE 1: WERFEN UND FANGEN

Material: 1 Basketball pro Schüler

Basketball ist ein Teamsport. Daher muss der Ball von einem Spieler zum anderen gelangen können. Dies erfolgt über das Werfen und Fangen.

Von den folgenden Aussagen zur Technik des Werfens und Fangens sind nur 3 richtig. Findet heraus, welche es sind. Multipliziert dann die Zahlen miteinander, die bei den richtigen Sätzen in Klammern stehen. Das Ergebnis zeigt euch an, welche Aufgabe ihr habt. Führt diese Aufgabe dann aus.

a) Ein Pass beim Basketball darf nur mit einer Hand geworfen werden. (2)

b) Ein Pass beim Basketball darf auch über den Boden gespielt werden. (3)

c) Ein Pass beim Basketball darf nicht über das ganze Spielfeld geworfen werden. (4)

d) Am sichersten fängt man einen Ball mit beiden Händen. (5)

e) Pässe im Basketball dürfen auch über Kopf geworfen werden. (6)

f) Vor dem Passen muss immer Blickkontakt hergestellt werden. (7)

Rechnung: ______ · ______ · ______ = ______

Welche Bewegungsaufgabe ist die richtige? Kreuzt an und führt sie durch.

60 ◯	90 ◯	120 ◯
Stellt euch zu zweit gegenüber. Jeder Partner hat einen Ball. Passt euch gleichzeitig den Ball zu. Ein Partner wirft einen Bodenpass, der andere passt direkt. Werft auf diese Weise 20 Pässe.	Stellt euch zu zweit gegenüber. Ein Partner hat einen Ball und passt zum Partner. Direkt nach dem Pass dreht er sich einmal im Kreis und bekommt dann sofort den Ball zurückgepasst. Nach jedem Pass dreht sich der Passgeber im Kreis. Jeder spielt auf diese Weise 20 Pässe direkt und 20 Pässe über den Boden.	Stellt euch zu zweit gegenüber. Ein Partner hat einen Ball und passt zu seinem Partner. Nach dem Pass macht er einen Liegestütz, steht schnell wieder auf und bekommt den Ball zurückgespielt. Der Partner macht es genauso. Spielt auf diese Weise jeder 30 Pässe.

Geschafft?
Ihr erhaltet den nächsten Umschlag mit einem neuen Rätsel zu einer Bewegungsaufgabe!

Nicht geschafft?
Lauft als Team 5 Hallenrunden, dann erhaltet ihr den nächsten Umschlag.

AUFGABE 2: DRIBBLING

Material: 1 Basketball pro Schüler, 10 Hütchen

Beantwortet die folgenden Fragen zum Dribbling, um herauszufinden, welche Aufgabe ihr ausführen sollt. Multipliziert dazu die Zahlen hinter den richtigen Antworten miteinander. So erhaltet ihr die Zahl, die euch die Bewegungsaufgabe anzeigt.

1. Beim Dribbling darf ...
   a) abwechselnd mit der rechten und linken Hand gespielt werden. (2)
   b) der Ball zwischendurch mit beiden Händen festgehalten werden. (3)
   c) der Ball nicht zwischen den Beinen hindurchgespielt werden. (4)

2. Bewegt sich ein Spieler im Basketball mit Ball, ohne zu dribbeln, nennt man dies ...
   a) Dribbelverstoß. (5) b) Schrittwechsel. (6) c) Schrittfehler. (7)

3. Ein Dribbling wird korrekt ausgeführt, indem man ...
   a) mit der Hand von oben den Ball auf den Boden prellt. (8)
   b) mit der Hand von unten unter den Ball fährt, ihn dreht und auf den Boden prellt. (9)
   c) mit beiden Händen den Ball auf den Boden prellt. (10)

Rechnung: ______ · ______ · ______ = ______

Welche Bewegungsaufgabe ist die richtige? Kreuzt an und führt sie durch.

112 ◯

Stellt 5 Hütchen im Abstand von ca. 2 m auf. Stellt euch hintereinander auf. Der Erste hat einen Ball und dribbelt durch die Hütchen hindurch. Beim letzten Hütchen dreht er um und dribbelt zurück, jedoch nicht mehr durch die Hütchen. Der Ball wird zum Nächsten gepasst, der es dann genauso wie eben beschrieben macht.

140 ◯

Stellt 5 Hütchen im Abstand von ca. 2 m auf. Teilt eure Gruppe in 2 Hälften. Eine Hälfte steht auf der einen Seite der Hütchen, die andere gegenüber. Der erste Spieler auf einer Seite hat einen Ball und dribbelt im Slalom durch die Hütchen zur anderen Gruppenhälfte. Dort passt er den Ball, sodass der nächste durch den Slalom dribbeln kann. So geht es weiter, bis die Gruppe wieder in der Ausgangsposition steht.

200 ◯

Verteilt 10 Hütchen in einem Parcours in der Halle. Jeder von euch hat einen Ball und dribbelt um alle Hütchen herum, ohne den Ball zu verlieren. Wenn es alle geschafft haben, ist die Aufgabe erfüllt.

Geschafft?
Ihr erhaltet den nächsten Umschlag mit einem neuen Rätsel zu einer Bewegungsaufgabe!

Nicht geschafft?
Lauft als Team 5 Hallenrunden, dann erhaltet ihr den nächsten Umschlag.

AUFGABE 3: KORBWURF

Material: 1 Basketball pro Schüler, Basketballkörbe

Ziel beim Basketball ist ein Treffer im Korb. Eine Möglichkeit dafür ist der Standwurf. Bringt die Bilder der einzelnen Phasen des Standwurfes in die richtige Reihenfolge und ihr erfahrt, welche Bewegungsaufgabe ihr durchführen sollt.

Richtige Reihenfolge: ____ ____ ____ ____ ____

Welche Bewegungsaufgabe ist die richtige? Kreuzt an und führt sie durch.

35124 ◯	**21345** ◯	**34251** ◯	**54321** ◯
Jeder von euch hat einen Basketball. Stellt euch an der Freiwurflinie hintereinander auf. Der Erste wirft aus dem Stand und holt sich den Rebound seines Balls. Von dort, wo der Ball gefangen wird, wird weitergeworfen. Jeder macht auf diese Weise 10 Standwürfe.	Jeder macht von der Freiwurflinie 10 Standwürfe.	Jeder hat einen Ball. Werft von der Freiwurflinie nacheinander und holt euch den Rebound eures Wurfes selbst. Bleibt dort stehen, wo ihr den Ball gefangen habt. Wenn alle geworfen haben, wird von dort weitergeworfen, wo ihr gerade steht. Jeder wirft 5-mal.	Jeder hat einen Ball. Stellt euch etwa 1 m vor dem Korb auf und werft. Wenn ihr trefft, geht einen Schritt zurück und werft von dort. Macht so weiter, bis ihr an der Dreipunktelinie angekommen seid.

Geschafft?
Ihr erhaltet den nächsten Umschlag mit einem neuen Rätsel zu einer Bewegungsaufgabe!

Nicht geschafft?
Lauft als Team 5 Hallenrunden, dann erhaltet ihr den nächsten Umschlag.

AUFGABE 4: KORBLEGER

Material: 1 Basketball pro Schüler, Basketballkörbe

Die sicherste Art, den Ball in den Korb zu bringen, ist wohl der Korbleger. Findet heraus, welche 3 Aussagen zum Korbleger stimmen. Multipliziert dann die Zahlen hinter den richtigen Aussagen miteinander. Das Ergebnis zeigt euch die nächste Bewegungsaufgabe.

a) Ein erfolgreicher Korbleger wird mit 2 Punkten belohnt. (2)

b) Beim Korbleger muss mit beiden Händen geworfen werden. (3)

c) Wird beim Korbleger der Ball an die obere Ecke des schwarzen Rechtecks gespielt, landet er häufig im Korb. (4)

d) Beim Korbleger darf der Ball das Brett nicht berühren. (5)

e) Läuft man von rechts auf den Korb zu, erfolgt der Absprung meistens mit dem linken Bein. (6)

f) Ein erfolgreicher Korbleger bringt 3 Punkte. (7)

Rechnung: ______ · ______ · ______ = ______

Welche Bewegungsaufgabe ist die richtige? Kreuzt an und führt sie durch.

42 ◯	**48** ◯	**72** ◯
Stellt euch hintereinander auf. Jeder von euch macht 10 Korbleger von rechts und 10 von links.	Stellt euch hintereinander auf. Der Erste hat einen Ball und macht einen Korbleger. Er holt seinen eigenen Rebound und passt den Ball zurück zum nächsten, der die Aktion wiederholt. Jeder macht 10 Korbleger.	Jeder hat einen Ball. Stellt euch auf der rechten Seite eines Korbes auf. Macht Korbleger und holt euch euren Rebound. Dribbelt dann zum gegenüberliegenden Korb und macht wieder einen Korbleger. Jeder macht auf diese Weise 10 Korbleger von rechts. Danach wiederholt ihr den Ablauf von links.

Geschafft?
Ihr erhaltet den nächsten Umschlag mit einem neuen Rätsel zu einer Bewegungsaufgabe!

Nicht geschafft?
Lauft als Team 5 Hallenrunden, dann erhaltet ihr den nächsten Umschlag.

ABSCHLUSSRÄTSEL

Alle Aufgaben erledigt?

Ihr habt bei den Aufgaben 1–4 insgesamt 4 Zahlen erhalten. Addiert diese Zahlen, um den Abschlusscode zu erhalten. Damit habt ihr eure Aufgabe erfüllt und James Naismith wunderbar bei der Entwicklung des Basketballspiels geholfen!

_______________ + _______________ + _______________ + _______________ = _______________

HINWEISE FÜR DIE LEHRKRAFT

- Niveau: leicht
- Dauer: 1 Unterrichtsstunde
- Einführung
- Vorkenntnisse: grundlegende Bewegungsabläufe an Reck und Barren sollten bekannt sein

Didaktische Situierung

Das Breakout zum Thema „Parcours / Turnen“ soll einen spielerischen Zugang zur oft ungeliebten Sportart Turnen schaffen, indem Elemente aus der Trendsportart Parcours mit dem Turnen verknüpft werden. Tatsächlich weisen beide Sportarten eine große Schnittmenge an Bewegungsfertigkeiten auf. Dieses Potenzial soll genutzt werden.

Das Breakout eignet sich sowohl zu Beginn einer vertiefenden Einheit zum Thema Parcours / Turnen als auch für den Einsatz in Vertretungsstunden, da keine Vorkenntnisse nötig sind und die Dauer auf etwa eine Unterrichtsstunde angelegt ist.

Angelehnt an eine Ausbruchssituation (siehe **Einstiegsgeschichte**) werden verschiedene Bewegungsaufgaben absolviert. Somit handelt es sich nicht nur dem Namen nach, sondern auch inhaltlich um ein „Breakout“. Die Schüler*innen schlüpfen in die Rolle von Gefangenen, die einen Ausbruch planen. Sie haben einen Verbündeten, der die Wege nach draußen zeigt, allerdings erst, wenn zuvor ein Rätsel gelöst worden ist. In die Rolle des Verbündeten schlüpft die Lehrkraft.

Teams: Das Breakout sollte in Teams von drei bis maximal sechs Schüler*innen durchgeführt werden. Idealerweise startet jedes Team mit einer anderen Aufgabe, damit nicht alle Schüler*innen an derselben Station arbeiten.

Material: Eine Übersicht über die Materialien und den Aufbau gibt der Aufbauplan auf der nächsten Seite. Die Stationen sind im Uhrzeigersinn angeordnet, links beginnend mit Aufgabe 1.

AUFBAUPLAN

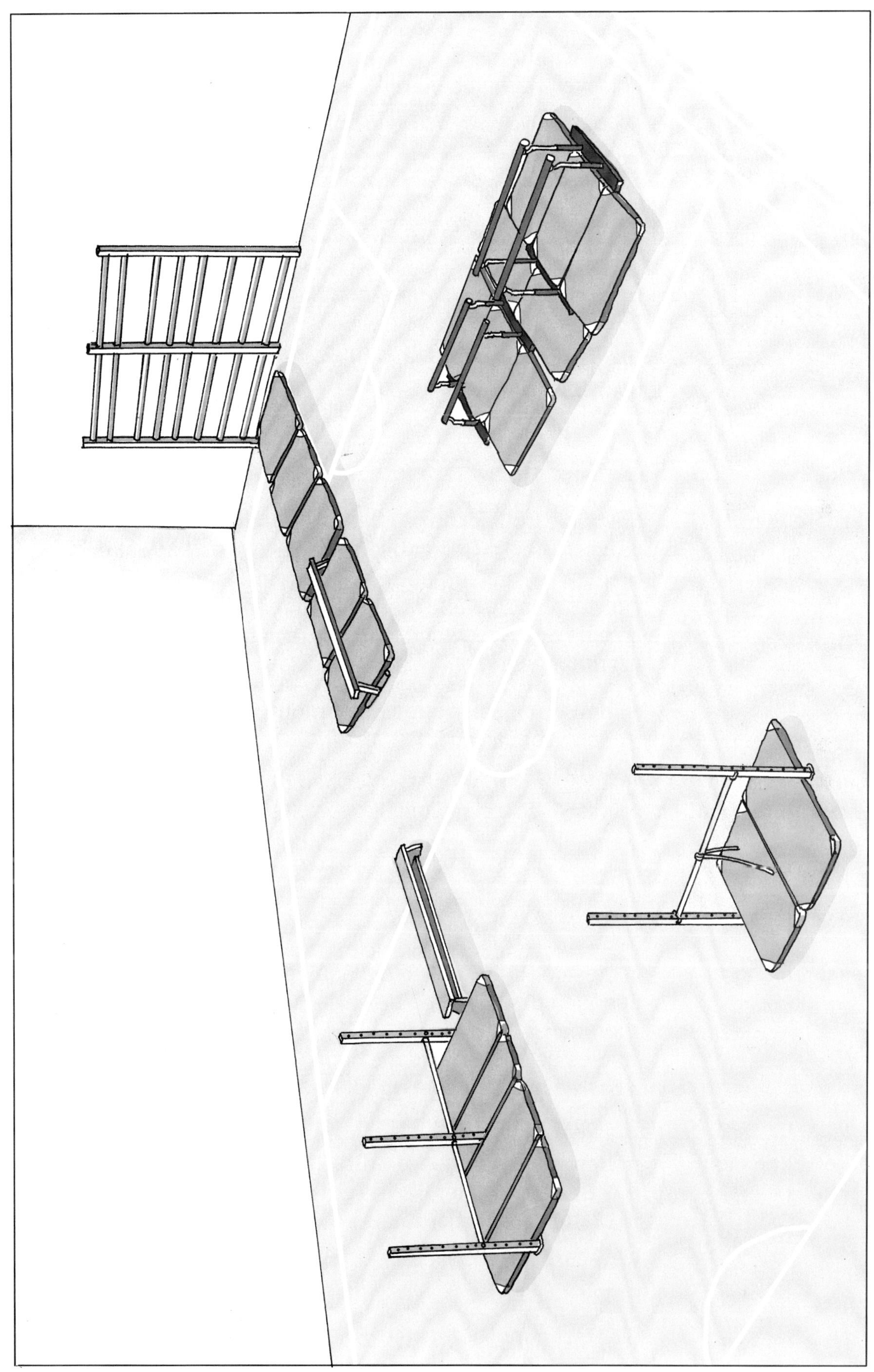

Übersicht über die Rätsel und Lösungen

AUFGABE 1: BALANCE

Kurzbeschreibung	In diesem Rätsel sollen verschiedene Parcours-Übungen mit dem richtigen Namen benannt werden. Dann eröffnet sich der Fluchtweg, der zunächst in einer Balanceübung besteht.
benötigte Materialien	★ Bewegungsaufgabe „Balance“ ★ 2 Reckanlagen, ca. hüfthoch ★ Langbank ★ Matten zur Sicherung
Lösung	Die Reihenfolge der unter den Bildern notierten Zahlen lautet: **25341**. Die ungeraden Ziffern in der Reihenfolge ihres Auftretens sind also: **531**. Das ist der Code.

AUFGABE 2: ZIELSPRUNG

Kurzbeschreibung	Bevor die Schüler*innen diese Bewegungsaufgabe bekommen, müssen sie ein Reihenbild zum Zielsprung korrekt sortieren. Die Bewegungsaufgabe besteht dann darin, über einen Schwebebalken zu laufen und vom Ende des Balkens ca. 1–1,5 m gezielt an eine Sprossenwand zu springen und dort sicher zu landen bzw. zu hängen.
benötigte Materialien	★ Bewegungsaufgabe „Zielsprung“ ★ Schwebebalken ★ Sprossenwand ★ Matten zur Sicherung
Lösung	Die richtige Reihenfolge / der Code ist **361452**.

AUFGABE 3: STÜTZEN UND HANGELN

Kurzbeschreibung	In diesem Rätsel sollen die Schüler*innen verschiedenen Turnübungen bzw. Geräten die jeweils beanspruchten Muskelgruppen zuordnen. Ist dies gelungen, wird die neue Bewegungsaufgabe gestellt: 2 Barren müssen überwunden werden. Der erste Barren soll im Stütz durchquert werden, der zweite im Hangeln.
benötigte Materialien	★ Bewegungsaufgabe „Stützen und hangeln“ ★ 2 Barren (zweiter Barren auf höchster Stufe) ★ Matten zur Sicherung
Lösung	Die Reihenfolge der unter den Bildern notierten Zahlen lautet: **51324**. Die Rechnung lautet also: 5 · 1 + 3 – 2 + 4 = **10**

AUFGABE 4: UNTERSCHWUNG BZW. DURCHBRUCH	
Kurzbeschreibung	Bei diesem Rätsel geht es darum, die einzelnen Phasen beim Unterschwung in die richtige Reihenfolge zu bringen. Dazu sollen die Reihenbilder richtig sortiert werden. Als letzte Bewegungsaufgabe soll dann ein korrekter und möglichst hoher Unterschwung am Reck ausgeführt werden. Dazu wird eine Zauberschnur gespannt, die im Unterschwung überquert werden soll. Zusätzlich kann darüber eine weitere Zauberschnur gespannt werden, um den Effekt einer Zieldurchquerung zu haben.
benötigte Materialien	★ Bewegungsaufgabe „Unterschwung bzw. Durchbruch" ★ Reckanlage, ca. brusthoch ★ Zauberschnur ★ Matten zur Sicherung
Lösung	Die richtige Reihenfolge ist **364125**.

ABSCHLUSSRÄTSEL	
Kurzbeschreibung	Aus den bisherigen Rätseln wird ein Abschlusscode ermittelt.
benötigte Materialien	★ Abschlussrätsel
Lösung	Gesamtlösung: Addition der 4 Zahlen aus den Aufgaben 1–4: **531 + 361452 + 10 + 364125 = 726118**

Einstieg

Zu dumm! Ihr sitzt im Gefängnis fest. Ob ihr jemals wieder herauskommen werdet und einen Weg in die Freiheit findet? Doch ein Ende ist in Sicht: Gerade seid ihr sehr angespannt, denn es scheint so, als ob sich eine Fluchtmöglichkeit für euch ergibt. Heute Morgen habt ihr in eurem Frühstück diese geheimnisvolle Botschaft entdeckt:

AUFGABE 1: BALANCE

In diesem Rätsel sollen verschiedene Parcours-Übungen mit dem richtigen Namen benannt werden. Ordnet den abgebildeten Bewegungen den richtigen Fachbegriff zu. Schreibt die Zahl des Fachbegriffes unter das Bild. Die **ungeraden** Ziffern ergeben in der Reihenfolge ihres Auftretens den Code.

Precision Jump (1)	Dash Vault (2)	Lazy Vault (3)
Underbar Spin (4)	Wall Run (5)	

Code: __________

Bewegungsaufgabe:

Balanciert über den Dachgiebel und eine Absperrung, um zur nächsten Aufgabe zu kommen. Jeder muss darüber balancieren, um die nächste Aufgabe zu bekommen.

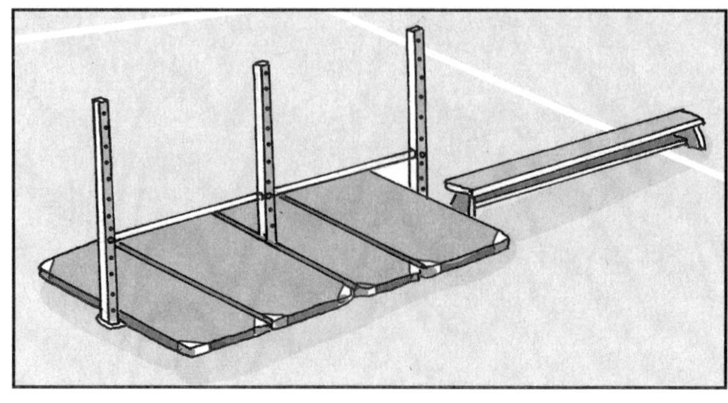

AUFGABE 2: ZIELSPRUNG

Sortiert die Bilder zur Übung „Zielsprung" richtig, um zu erfahren, welche Aufgabe ihr als Nächstes bewältigen sollt.

①

②

③

④

⑤

⑥

Die richtige Reihenfolge lautet: ____ ____ ____ ____ ____ ____

Welche Bewegungsaufgabe ist die richtige? Kreuzt an und führt sie durch.

361452 ◯	**364152** ◯	**462531** ◯
Balanciert über den Schwebebalken. Springt vom Ende des Balkens an die Sprossenwand und landet gezielt mit den Füßen auf einer Sprosse, mit den Händen haltet ihr euch an einer Sprosse fest.	Sucht euch eine Linie auf dem Hallenboden, auf der ihr entlanglauft, ohne danebenzutreten. Seid ihr in der Nähe einer Sprossenwand oder einer Kletterstange, springt vom Boden aus an die Sprossenwand oder Kletterstange und haltet euch fest. Wiederholt das 3-mal.	Holt einen kleinen Kasten und springt gezielt auf den Schwebebalken und wieder zurück. Wiederholt das 5-mal, ohne herunterzufallen. Nur sicher gelandete Versuche zählen!

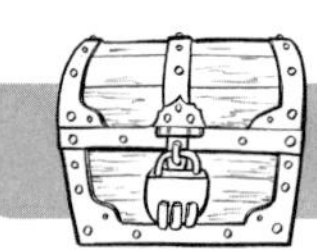

AUFGABE 3: STÜTZEN UND HANGELN

Zur Flucht sind neben eurem Gehirn auch Hände und Arme gefordert! Doch zunächst ein Rätsel: Ordnet den Bildern richtig zu, welche Muskeln bzw. Fähigkeiten bei den jeweiligen Bewegungen gefordert sind. Führt dann die Rechenaufgaben unten durch, um den Code zu erhalten.

Balance (1)	Gesamtkörperspannung (2)	Sprungkraft (3)
Haltekraft der Hände (4)	Bauchmuskulatur (5)	

Rechnung: ______ · ______ + ______ − ______ + ______ = ______
(1. Zahl) (2. Zahl) (3. Zahl) (4. Zahl) (5. Zahl)

Welche Bewegungsaufgabe ist die richtige? Kreuzt an und führt sie durch.

10 ◯

Nehmt 2 Barren. Den ersten durchquert ihr im Stützen, den zweiten im Hangeln (entsprechend hoch muss er eingestellt sein, damit ihr nicht am Boden aufkommt). Jeder durchquert beide Barren 2-mal.

11 ◯

Hängt euch von unten wie ein Faultier an einen Schwebebalken. Hangelt euch dann von einer Seite zur nächsten und lauft dann an den Anfang zurück. Jeder wiederholt dies 3-mal.

AUFGABE 4: UNTERSCHWUNG BZW. DURCHBRUCH

Sortiert die Bilder zu den einzelnen Phasen des Unterschwunges in die richtige Reihenfolge. Die richtige Reihenfolge verrät euch, welche Aufgabe ihr erledigen müsst.

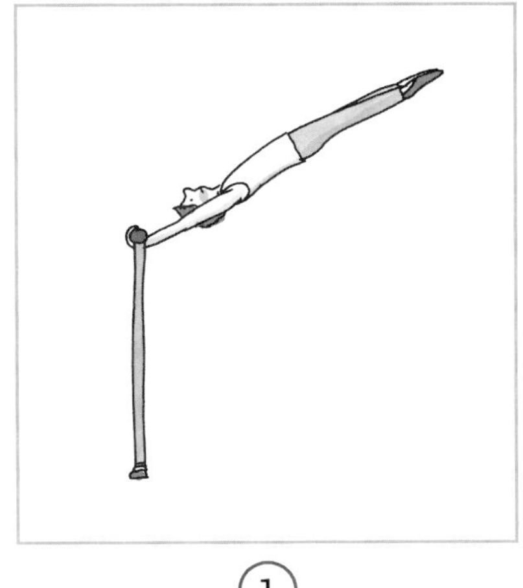

①

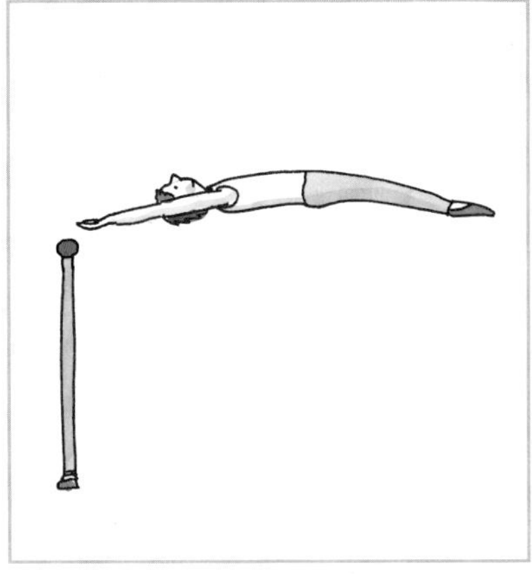

②

③

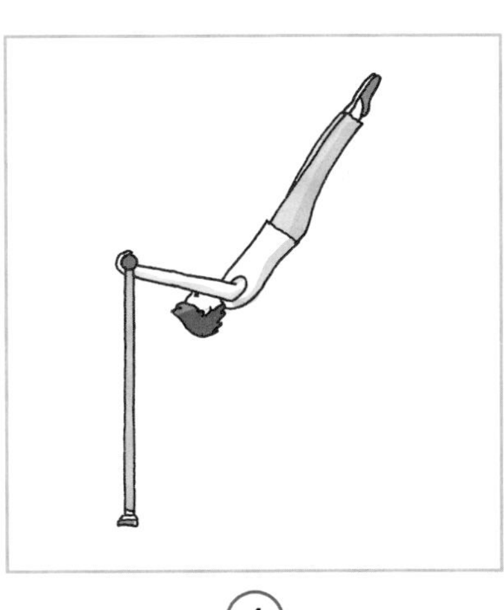

④

⑤

⑥

Die richtige Reihenfolge lautet: ____ ____ ____ ____ ____ ____

Welche Bewegungsaufgabe ist die richtige? Kreuzt an und führt sie durch.

364215 ◯	**364125** ◯	**364152** ◯
Ihr müsste euch gezielt über ein Hindernis schwingen. Schwingt am Reck hin und her und bringt dabei eure Beine beim Vor- und Zurückschwingen mindestens auf Brusthöhe. Jeder schwingt 5-mal vor und zurück.	Ihr müsst euch gezielt über ein Hindernis schwingen. Macht am Reck einen Unterschwung über eine Zauberschnur. Jeder macht die Übung 2-mal, dann seid ihr frei!	Ihr müsst gezielt über ein Hindernis schwingen! Macht am Reck einen Unterschwung und landet gezielt auf einer Markierung auf der Matte. Den Zielpunkt legt ihr zuvor selbst fest und markiert ihn mit einer Zauberschnur.

ABSCHLUSSRÄTSEL

Alle Aufgaben erledigt?

Dann ab in die Freiheit! Ihr habt bei den Aufgaben 1–4 insgesamt 4 Zahlen errätselt. Addiert diese Zahlen, um den Abschlusscode zu erhalten. Wenn ihr ihn in die Gefängnistür eingebt, kommt ihr frei.

____________ + ____________ + ____________ + ____________ = ____________

Geschafft! Nun seid ihr frei!

HINWEISE FÜR DIE LEHRKRAFT

- ★ Niveau: leicht
- ★ Dauer: 1 Unterrichtsstunde
- ★ Vertiefung
- ★ Vorkenntnisse: technische Grundfähigkeiten aus dem Handball sowie grundlegende theoretische Kenntnisse hierzu

Didaktische Situierung

Das Breakout zum Thema „Handball“ dient der Vertiefung von erlernten Bewegungsabläufen aus dem Handball (z. B. Torwurf, Passen, Fangen etc.).

Bevor das erste Rätsel präsentiert wird, werden die Schüler*innen in die Ausgangssituation eingeführt: Sie schlüpfen in die Rolle von Spieler*innen eines Handballteams. Beim letzten Spiel wurde Teammitglied Sebi durch ein hartes Einsteigen des gegnerischen Teams erwischt und hat dadurch sein Gedächtnis verloren. Der Gedächtnisverlust ist so stark, dass sich das Teammitglied nicht einmal mehr an die grundlegenden Bewegungen im Handball erinnern kann und sie daher neu erlernen muss. Die Aufgabe, diese neu zu vermitteln, fällt nun den Schüler*innen zu (siehe **Einstiegsgeschichte**).

Der Zeitaufwand für das Breakout ist so geplant, dass es in einer Unterrichtsstunde gut durchzuführen ist. Das Breakout eignet sich am Ende einer Einheit zum Thema „Handball“ oder auch in Klassen, die schon Erfahrung mit Handball haben. Neben der Praxis wird in den Rätseln auch auf die Theorie in Form von Handballregeln bzw. Schiedsrichterzeichen eingegangen.

Teams: Das Breakout sollte in Teams von vier oder sechs Schüler*innen durchgeführt werden (am besten eine gerade Zahl an Schüler*innen). Idealerweise startet jedes Team mit einer anderen Aufgabe, damit nicht alle Schüler*innen an derselben Station arbeiten.

Material: Für das Breakout sind nur Handbälle (pro Schüler*in 1 Ball), Tore, Hütchen oder Bänder erforderlich.

Übersicht über die Rätsel und Lösungen

AUFGABE 1: PASSEN UND FANGEN	
Kurzbeschreibung	Dies ist ein einfaches Rätsel zu den grundlegenden Regeln des Handballs. Sobald die Schüler*innen das Rätsel gelöst haben, erhalten sie die Bewegungsaufgabe: Sie sollen saubere Pässe zum Partner werfen und auch fangen.
benötigte Materialien	★ Bewegungsaufgabe „Passen und Fangen“ ★ 1 Handball pro Schüler*in
Lösung	Die richtigen Antworten sind: a) 6 Feldspieler und 1 Torwart (3); b) 2 Halbzeiten zu je 30 min (5); c) 3 Schritte gemacht werden. (9) Rechnung: 3 · 5 · 9 = **135**

AUFGABE 2: ZIELWURF AUF DAS TOR

Kurzbeschreibung	Neben Passen und Fangen ist der Torwurf eine sehr wichtige Bewegung. Das gezielte Ausführen dieses Wurfs ist Ziel der nächsten Bewegungsaufgabe, die Sebi wieder neu erlernen soll. Um herauszufinden, was genau zu tun ist, erhalten die Schüler*innen ein Reihenbild zum Schlagwurf, das sie in die richtige Reihenfolge bringen sollen.
benötigte Materialien	★ Bewegungsaufgabe „Zielwurf auf das Tor“ ★ 1 Handball pro Schüler*in ★ Tor mit verschiedenen Zielen, z. B. 3 Hütchen am Boden (links, Mitte, rechts) und 3 von der Latte hängende Bänder
Lösung	Die richtige Reihenfolge ist **241536**.

AUFGABE 3: SPRUNGWURF NACH PASS

Kurzbeschreibung	Bei dieser Aufgabe errätseln die Schüler*innen eine etwas komplexere Bewegungsaufgabe. Zunächst sollen sie ein Reihenbild zum Sprungwurf richtig ordnen. Gelingt ihnen dies, ergibt sich die auszuführende Komplexübung. Nachdem sie einen Pass gefangen haben, sollen sie einen Sprungwurf auf das Tor ausführen.
benötigte Materialien	★ Bewegungsaufgabe „Sprungwurf nach Pass“ ★ 1 Handball pro Schüler*in ★ Tor
Lösung	Die richtige Reihenfolge ist **795164328**.

AUFGABE 4: TORWURF IM FALLEN AM KREIS

Kurzbeschreibung	Bei diesem Rätsel wird der Torwurf im Fallen am Kreis geübt. Dabei stehen die Schüler*innen mit dem Rücken zum Tor und erhalten einen Pass. Nach einer Drehung im Fallen erfolgt der Wurf auf das Tor. Um die Bewegungsaufgabe herauszufinden, müssen die Schüler*innen ein Rätsel zu Schiedsrichterzeichen korrekt lösen.
benötigte Materialien	★ Bewegungsaufgabe „Torwurf im Fallen am Kreis“ ★ 1 Handball pro Schüler*in ★ Tor
Lösung	Die richtige Zuordnung lautet: **31542**.

ABSCHLUSSRÄTSEL	
Kurzbeschreibung	Aus den bisherigen Rätseln wird ein Abschlusscode ermittelt.
benötigte Materialien	★ Abschlussrätsel
Lösung	Gesamtlösung: Addition der 4 Zahlen aus den Aufgaben 1–4: 135 + 241536 + 795164328 + 31542 = **795437541 → Das ist der finale Code.**

Einstieg

Oh je! Das war wirklich ein Spiel zum Vergessen, mit dem ihr die Saison abgeschlossen habt. Nichts wollte klappen, sodass ihr dann auch verloren habt.

Und als ob das nicht genug wäre: Euer wichtigster Spieler Sebi ist bei einem Zweikampf so unglücklich gestürzt, dass er eine Gehirnerschütterung erlitten hat.

Doch das alles ist nun schon einige Wochen her. Ihr habt die alte Saison abgehakt und seid bereits dabei, euch auf die neue Spielzeit vorzubereiten.

Zum Glück steigt auch Sebi wieder ins Training ein, worüber ihr alle sehr erleichtert seid.

Heute Abend ist es endlich so weit: Ihr trefft euch zum ersten Training in der Halle. Doch was ihr dort feststellt, schockiert euch alle …

Sebi kann gar nichts mehr! Sein Sturz vor einigen Wochen hat offenbar dazu geführt, dass er sich an keine einzige Handballbewegung mehr erinnern kann. Wie kann das denn sein?

Auf jeden Fall müsst ihr ihm helfen, dass er wieder zu seiner alten Form findet und Handball spielen kann! Gemeinsam mit ihm trainiert ihr die grundlegenden Handballbewegungen.

Löst dazu die Rätsel, um herauszufinden, welche Aufgaben das sind, und meistert sie gemeinsam!

Unterstützt Sebi dabei, seine alte Form wiederzufinden, damit euer Team in dieser Saison wieder gewinnen kann! Holt euch gemeinsam den Pokal zurück!

AUFGABE 1: PASSEN UND FANGEN

Material: 1 Handball pro Schüler

Sebi kann wirklich gar nichts mehr. Ihr müsst mit ihm bei Null anfangen. Daher übt ihr mit ihm das Passen und Fangen. Da Sebi leider auch vergessen hat, welche Regeln im Handball gelten, müsst ihr ihm auch dabei ein wenig auf die Sprünge helfen.

Beantwortet die Fragen zu den Grundregeln im Handball richtig und notiert euch die Zahlen hinter der richtigen Antwort. Das Produkt aus diesen Zahlen ergibt eine Lösungszahl, die euch eure Bewegungsaufgabe zum Passen und Fangen verrät.

1. Im Handball gibt es
   - 5 Feldspieler und 1 Torwart. (2)
   - 6 Feldspieler und 1 Torwart. (3)
   - 7 Feldspieler und 1 Torwart. (4)
2. Ein Handballspiel dauert
   - 2 Halbzeiten zu je 30 min. (5)
   - 3 Drittel zu je 20 min. (6)
   - 4 Viertel zu je 15 min. (7)
3. Ohne den Ball zu prellen, dürfen
   - 2 Schritte gemacht werden. (8)
   - 3 Schritte gemacht werden. (9)
   - 4 Schritte gemacht werden. (10)

Rechnung: ______ · ______ · ______ = ______

Welche Bewegungsaufgabe ist die richtige? Kreuzt an und führt sie durch.

120 ◯	135 ◯	189 ◯
Geht zu zweit mit einem Handball zusammen und lauft durch die Halle. Macht nie mehr als 3 Schritte, bevor ihr zu eurem Partner werft. Achtet dabei darauf, dass ihr nicht mit anderen zusammenstoßt und dass die Pässe sauber geworfen und gefangen werden. Die Aufgabe gilt als erfüllt, wenn jeder 20 Pässe geworfen und gefangen hat, ohne dass der Ball verloren gegangen ist.	Geht zu zweit mit einem Handball zusammen und stellt euch im Abstand von ca. 6 m gegenüber voneinander auf. Werft euch dann den Ball sauber hin und her und fangt ihn ebenso sauber. Die Aufgabe gilt als erfüllt, wenn am Stück 20 Pässe geworfen und gefangen wurden (ohne dass der Ball heruntergefallen ist).	Geht zu zweit mit einem Handball zusammen und stellt euch im Abstand von ca. 6 m gegenüber voneinander auf. Werft euch dann den Ball sauber hin und her und fangt ihn ebenso sauber. Die Aufgabe gilt als erfüllt, wenn am Stück 20 direkte Pässe und 20 Bodenpässe geworfen und gefangen wurden (ohne dass der Ball heruntergefallen ist).

AUFGABE 2: ZIELWURF AUF DAS TOR

Material: 1 Handball pro Schüler, 3 Hütchen, 3 Bänder, Tor

Damit Sebi wieder euer erfolgreichster Werfer wird, muss er unbedingt den Torwurf üben. Wie genau das geübt werden soll, erfahrt ihr, wenn ihr das Reihenbild zum Torwurf in die richtige Reihenfolge bringt. Die korrekte Abfolge der Zahlen bei den Bildern zeigt euch die entsprechende Bewegungsaufgabe an.

①

②

③

④

⑤

⑥

Richtige Reihenfolge: ____ ____ ____ ____ ____ ____

Welche Bewegungsaufgabe ist die richtige? Kreuzt an und führt sie durch.

241536 ◯	**654321** ◯	**456321** ◯
Hängt in das Handballtor links und rechts je 1 Band hinein. Werft dann mit sauberen Schlagwürfen vom Handballkreis aus auf die Bänder. Die Aufgabe gilt als erfüllt, wenn ihr alle zusammen die Bänder 30-mal getroffen habt.	Stellt 3 Hütchen auf einen Kasten. Den Kasten stellt ihr ins Handballtor. Ihr selbst stellt euch an den Handballkreis und werft mit Schlagwürfen auf die Hütchen. Habt ihr alle Hütchen getroffen, ist die Aufgabe erfüllt.	Werft vom Handballkreis aus auf das Tor. Sucht euch vor dem Wurf eine Stelle aus, auf die ihr werfen möchtet. Die Aufgabe ist erfüllt, wenn jeder von euch 20 Würfe gemacht hat.

AUFGABE 3: SPRUNGWURF NACH PASS

Material: 1 Handball pro Schüler, Tor

Sebi erinnert sich nicht an den Sprungwurf. In der folgenden Bildreihe ist leider die Ordnung durcheinandergeraten. Sortiert die Bilder richtig, damit ihr erfahrt, welche Aufgabe ihr als Nächstes auszuführen habt.

Richtige Reihenfolge: ____ ____ ____ ____ ____ ____ ____ ____ ____

Welche Bewegungsaufgabe ist die richtige? Kreuzt an und führt sie durch.

192847563 ◯	**795164328** ◯
Lauft von der Freiwurflinie (gestrichelte Linie) mit Ball auf das Tor zu. Macht dabei maximal 3 Schritte und führt dann einen Sprungwurf auf das Tor aus. Achtet darauf, den Kreis nicht zu betreten. Jeder von euch führt 20 Sprungwürfe aus, die technisch richtig sind. Dann gilt die Aufgabe als erfüllt.	Stellt euch etwa 2 Schritte hinter der Freiwurflinie halblinks auf (gestrichelte Linie). Zentral rechts von euch auf Höhe der Freiwurflinie steht ein Zuspieler mit Ball. Ihr lauft auf das Tor zu. An der Freiwurflinie empfangt ihr einen Pass vom Zuspieler. Macht dann mit maximal 3 Schritten einen Sprungwurf auf das Tor. Achtet dabei darauf, den Kreis nicht zu betreten. Der Werfer wechselt dann den Zuspieler aus, der Zuspieler stellt sich an. Die Aufgabe gilt dann als erfüllt, wenn jeder von euch 10 technisch korrekt ausgeführte Sprungwürfe gemacht hat.

AUFGABE 4: TORWURF IM FALLEN AM KREIS

Material: 1 Handball pro Schüler, Tor

Sebi kann sich auch kaum an die Schiedsrichterzeichen erinnern. Ordnet den Schiedsrichterzeichen die passende Bedeutung zu, um zu erfahren, was ihr machen sollt.

Prell-/Tippfehler ① Stürmerfoul ② Betreten des Torraumes ③
Umklammern, Festhalten, Stoßen ④ Schritt-/Zeitfehler ⑤

 ____

 ____

 ____

 ____

 ____

Welche Bewegungsaufgabe ist die richtige? Kreuzt an und führt sie durch.

51234 ◯

Ihr steht mit Ball und Rücken zum Tor am Kreis. Dreht euch mit einer schnellen Bewegung und fallt dabei in Richtung Tor. Im Fallen werft ihr auf das Tor. Jeder von euch macht diese Übung 20-mal, damit die Aufgabe als erfüllt gilt.

31542 ◯

Ein Spieler steht mit dem Rücken zum Tor am Kreis. Hinter ihm steht ein Abwehrspieler, der sich passiv verhält. Der Kreisspieler bekommt vom Rückraum Mitte einen Pass zugespielt und löst sich dann mit einer Drehung vom Abwehrspieler. Noch halb im Drehen fällt der Spieler mit dem Ball in Richtung Tor und schließt vor der Bodenberührung mit einem Torwurf ab. Der Kreisspieler wird zum Abwehrspieler, der Passgeber zum Kreisspieler und der Abwehrspieler zum Passgeber. Die Aufgabe gilt als erfüllt, wenn jeder 10 Fallwürfe gemacht hat.

35124 ◯

Stellt euch an der Freiwurflinie auf. Ein Spieler steht mit dem Rücken zum Tor am Kreis. Die Spieler an der Freiwurflinie lassen den Ball hin und her wandern, bis einer zum Kreisspieler passt. Dieser fängt den Ball, dreht sich in Richtung Tor und lässt sich fallen. Im Fallen wirft er auf das Tor. Wechselt danach die Positionen. Die Aufgabe gilt als erfüllt, wenn jeder 20 Fallwürfe gemacht hat.

ABSCHLUSSRÄTSEL

Alle Aufgaben erledigt?

Dann habt ihr Sebi sehr geholfen. Er kann sich nun an alle Regeln und Bewegungsabläufe im Handball erinnern und eurem Sieg in der neuen Saison steht nichts mehr im Weg.

Ihr habt bei den Aufgaben 1–4 insgesamt 4 Zahlen erhalten. Addiert diese Zahlen, um den Abschlusscode zu erhalten.

______________ + ______________ + ______________ + ______________ = ______________

HINWEISE FÜR DIE LEHRKRAFT

- ★ Niveau: leicht
- ★ Dauer: 1 Unterrichtsstunde
- ★ Einführung / Anwendung
- ★ Vorkenntnisse: keine besonderen Vorkenntnisse erforderlich

Didaktische Situierung

Im Breakout zum Thema „Leichtathletik" werden die verschiedenen konditionellen und koordinativen Voraussetzungen der leichtathletischen Sportarten, wie z. B. Ausdauer, Sprungkraft, Wurf- und Stoßtechnik, spielerisch zum Einsatz gebracht.

Da kein Vorwissen nötig ist, kann das Breakout leicht in Vertretungsstunden eingesetzt werden, aber auch einfach zur Abwechslung zwischendurch oder am Beginn einer Sequenz zum Thema „Leichtathletik". Der Zeitaufwand für das Breakout ist so geplant, dass es in einer Unterrichtsstunde gut durchzuführen ist.

Die Schüler*innen schlüpfen in die Rolle von Abenteurern (siehe **Einstiegsgeschichte**), die sich auf einen Aufenthalt in der Wildnis vorbereiten. Um dort überleben zu können, müssen sie gezielt verschiedene Jagdtechniken und ihre konditionellen Fähigkeiten trainieren. Vor dem Hintergrund der erfolgreichen YouTube-Serie „7 vs. Wild" dürfte dieser Ansatz Jugendliche durchaus ansprechen.

Die zu bewältigenden Bewegungsaufgaben sind so gewählt, dass verschiedene Muskelgruppen angesprochen werden. Dabei sollen Bewegungen ausgeführt werden, die einerseits tatsächlich dazu dienen könnten, sich in der Wildnis zurechtzufinden, und die andererseits auf leichtathletische Disziplinen ausgerichtet sind.

Teams: Das Breakout sollte in Teams von drei bis maximal sechs Schüler*innen durchgeführt werden. Idealerweise startet jedes Team mit einer anderen Aufgabe, damit nicht alle Schüler*innen an derselben Station arbeiten.

Material: Die Materialien beschränken sich auf Bodenturnmatten, Kastenoberteile bzw. Bananenschachteln, Basketballkörbe, Tennisbälle sowie Medizinbälle. Sinnvoll ist es, dass zu Beginn des Breakouts zunächst die Materialien für alle Rätsel bzw. Bewegungsaufgaben gemeinsam vorbereitet werden. Damit wird vermieden, dass die Schüler*innen allein in den Materialraum gehen bzw. die Lehrkraft kann sich dann ganz dem Geschehen in der Turnhalle widmen.

Hier die vollständige Materialliste:
- 2 Bodenturnmatten
- 2 Bananenschachteln
- Basketballkorb
- ca. 20 Tennisbälle (abhängig von der Gruppengröße)
- ca. 6 Medizinbälle (abhängig von der Gruppengröße)

Übersicht über die Rätsel und Lösungen

AUFGABE 1: SPRUNGKRAFT WEITSPRUNG

Kurzbeschreibung	In der Wildnis kann man immer wieder vor das Problem gestellt werden, ein Hindernis überqueren zu müssen, indem man darüberspringt. Genau das soll in der Bewegungsaufgabe simuliert werden. Blaue Bodenturnmatten dienen symbolisch als Hindernis (z. B. für einen Fluss), der übersprungen werden muss. Zusätzlich kommt noch ein Hindernis dazu, das dazu zwingt, auch in die Höhe zu springen (z. B. eine Bananenschachtel, eine Zachariashürde oder auch ein Kastenoberteil). Mittels eines Reihenbildes zum Weitsprung sollen die Schüler*innen errätseln, worin genau ihre Bewegungsaufgabe besteht. Die Bilder der methodischen Reihe müssen dafür in die richtige Reihenfolge gebracht werden und falsche Bilder aussortiert werden.
benötigte Materialien	★ Bewegungsaufgabe „Sprungkraft Weitsprung“ ★ 2 Bodenturnmatten ★ 2 Bananenschachteln
Lösung	Lösungssatz / Bewegungsaufgabe: **Legt auf eine kleine Bodenturnmatte eine Bananenschachtel und springt über beides, entweder längs oder quer.** Anzahl Buchstaben 4. und 6. Wort: 6 + 4 = **10**

AUFGABE 2: ZIEL-WEITWURF

Kurzbeschreibung	Bei dieser Bewegungsaufgabe wird das gezielte Werfen trainiert. Mit einem Tennisball muss von der anderen Seite der Halle ein Ziel getroffen werden. Ziel ist in diesem Fall das Basketballbrett bzw. die schwarze Umrandung beim Basketballkorb.
benötigte Materialien	★ Bewegungsaufgabe „Ziel-Weitwurf“ ★ Basketballkorb ★ ca. 20 Tennisbälle (abhängig von der Gruppengröße)
Lösung	Die korrekten Sätze sind: b) 6; c) 7; e) 9. Rechnung: 6 · 7 · 9 = **378**

AUFGABE 3: AUSDAUER

Kurzbeschreibung	Diese Bewegungsaufgabe zielt darauf ab, ausdauerndes Laufen zu trainieren. Die Technik des belgischen Kreisels stammt eigentlich aus dem Radsport, kann aber genauso beim Laufen angewendet werden. Dies sollen die Schüler*innen hier tun. Durch das richtige Beantworten einiger Fragen zum Thema „Ausdauerbelastung" wird die Bewegungsaufgabe herausgefunden.
benötigte Materialien	★ Bewegungsaufgabe „Ausdauer"
Lösung	Die richtigen Antworten sind: 1a); 2a); 3b). Rechnung: 9 · 6 · 2 = **108**

AUFGABE 4: STOß

Kurzbeschreibung	Bei dieser Bewegungsaufgabe soll die Stoßbewegung trainiert werden. Was genau zu tun ist, erfahren die Schüler*innen, wenn sie ein Reihenbild zum Kugelstoß mit den richtigen Sätzen kombinieren.
benötigte Materialien	★ Bewegungsaufgabe „Stoß" ★ ca. 6 Medizinbälle (abhängig von der Gruppengröße)
Lösung	Die Zuordnung in der richtigen Reihenfolge lautet: **243165**.

ABSCHLUSSRÄTSEL

Kurzbeschreibung	Aus den bisherigen Rätseln wird ein Abschlusscode ermittelt.
benötigte Materialien	★ Abschlussrätsel
Lösung	Gesamtlösung: Addition der 4 Zahlen aus den Aufgaben 1–4: **10 + 378 + 108 + 243165 = 243661**

Einstieg

Ihr schlüpft in die Rolle von Abenteurern, die sich auf einen Aufenthalt in der Wildnis vorbereiten. Um dort überleben zu können, müsst ihr gezielt verschiedene Jagdtechniken und eure konditionellen Fähigkeiten trainieren. Heute beginnt euer großes Abenteuer!

AUFGABE 1: SPRUNGKRAFT WEITSPRUNG

In der Wildnis kann man immer wieder vor das Problem gestellt werden, ein Hindernis überqueren zu müssen, indem man darüberspringt. Bringt die Bilder zum Weitsprung in die richtige Reihenfolge und ihr erfahrt, worin genau eure Bewegungsaufgabe besteht. Achtung! Es gibt auch falsche Bilder, die ihr aussortieren müsst.

über beides,

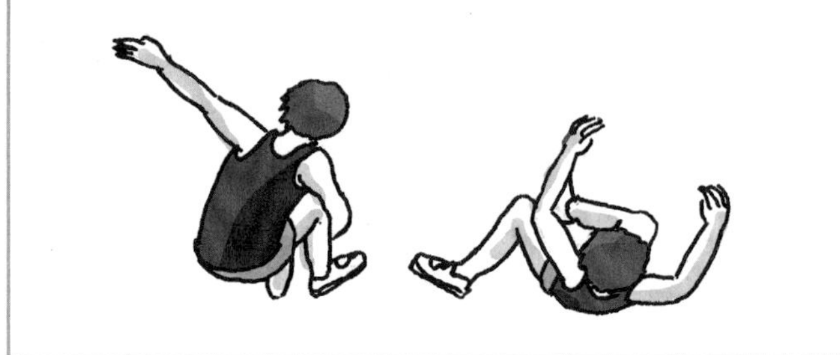

oder quer

entspricht einer

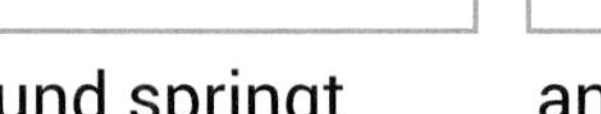

und springt

anderen Bewegung

Legt auf eine

entweder längs

kleine Bodenturnmatte

Diese Aufgabe

eine Bananenschachtel

Lösungssatz / Bewegungsaufgabe, die ihr durchführen sollt:

____

____

____

Addiere die Anzahl der Buchstaben des 4. und des 6. Wortes aus dem Lösungssatz und du erhältst die Lösungszahl: ______ + ______ = ______

AUFGABE 2: ZIEL-WEITWURF

In der Wildnis ist es auch wichtig, gezielt werfen zu können, sei es zur Verteidigung oder zum Jagen. Macht euch nun an das Jagen! Je weiter ihr von einem Beutetier weg seid, desto weniger leicht werdet ihr entdeckt. Allerdings ist es auch umso schwerer zu treffen. Damit ihr beim Jagen erfolgreich werdet, üben wir jetzt das zielgenaue Werfen, auch über eine weitere Strecke.

Was ihr genau zu tun habt, erfahrt ihr, wenn ihr die Fragen richtig beantwortet. Multipliziert die Zahlen hinter den richtigen Antworten miteinander. So erhaltet ihr eine Lösungszahl, die euch dann eure Bewegungsaufgabe verrät.

a) Weltklassewerfer schaffen die gleichen Weiten mit und ohne Anlauf. (5)

b) Werfen sollte man immer mit der starken und der schwächeren Hand üben, um den idealen Trainingseffekt zu erzielen. (6)

c) Der beste Abwurfwinkel liegt bei etwa 45°, damit der Wurfgegenstand den weitesten Bogen beschreibt. (7)

d) Die Geschwindigkeit des Gegenstandes beim Verlassen der Hand spielt keine Rolle für die geworfene Weite. (8)

e) Sogenannte Drehwürfe bewirken eine Beschleunigung, die im geradlinigen Anlauf nicht erreicht wird. (9)

Rechnung: ______ · ______ · ______ = ______

Welche Bewegungsaufgabe ist die richtige? Kreuzt an und führt sie durch.

210 ◯	**378** ◯	**504** ◯
Ihr steht euch paarweise an den Enden der Halle gegenüber und werft euch Tennisbälle zu. Jeder gefangene Ball zählt einen Punkt. Hat jedes Paar von euch 10 Punkte erreicht, gilt die Aufgabe als erfüllt.	Ihr steht zusammen an einer Seite der Halle mit Tennisbällen. Eure Aufgabe ist es, das Brett des Basketballkorbes oder die schwarze Umrandung um den Korb zu treffen. Jede Berührung des Balls am Brett zählt einen Punkt, Treffer des schwarzen Rechteckes zählen 2 Punkte. Habt ihr als Team 30 Punkte erreicht, gilt die Aufgabe als erfüllt.	Stellt euch an einer Seite der Halle auf. Sucht euch Ziele auf der anderen Seite der Halle. Für jeden Treffer des Zieles gibt es 5 Punkte. Die Aufgabe ist dann erfüllt, wenn ihr 40 Punkte erreicht habt.

AUFGABE 3: AUSDAUER

Der Mensch ist kein schneller Läufer, wenn man ihn mit manchen Tieren vergleicht. Allerdings hat der Mensch vielen Tieren etwas voraus: Er kann sehr ausdauernd sein. Steinzeitliche Jäger und auch Jäger in Naturvölkern erwischen ihre Beute mitunter dadurch, dass sie die Fährte aufgescheuchter Tiere aufnehmen und das Tier so lange verfolgen, bis es erschöpft ist. Dazu bedarf es großer Ausdauer.

Genau diese Ausdauer wollen wir nun trainieren.

Worin die Bewegungsaufgabe besteht, erfahrt ihr, wenn ihr die Aufgaben richtig beantwortet und die Zahlen hinter den richtigen Antworten miteinander multipliziert.

1. Die Fähigkeit zur Energiegewinnung mit Sauerstoff bei Ausdauerbelastungen nennt man ...
   a) aerobe Ausdauer. (9)
   b) mikrobe Ausdauer. (8)
   c) homogene Ausdauer. (7)

2. Von Bedeutung für die Ausdauerleistung ist unter anderem ...
   a) das Herzschlagvolumen. (6)
   b) der IQ. (5)
   c) die Schuhgröße. (4)

3. Keine direkte Auswirkung auf die Ausdauerleistung hat ...
   a) die Muskelfaserzusammensetzung. (3)
   b) die Nationalität des Sportlers. (2)
   c) die Fähigkeit des Körpers zur Temperaturregelung. (1)

Rechnung: ______ · ______ · ______ = ______

Welche Bewegungsaufgabe ist die richtige? Kreuzt an und führt sie durch.

108 ◯

Lauft als Gruppe 5 min ohne Unterbrechung um das Volleyballfeld. Dabei macht ihr als Gruppe den sog. „Belgischen Kreisel", der im Radsport praktiziert wird. Dabei wechselt ständig der Anführer der Gruppe. Der erste in der Reihe schert dazu seitlich aus, sodass die Gruppe an ihm vorbeiziehen kann. Sobald der Ausgescherte überholt wurde, schert die neue Nummer 1 ebenfalls aus. Erreicht die ehemalige Nummer 1 das Ende der Gruppe, wird wieder eingeschert. So geht es immer weiter, um den Windschatten des Vordermannes zu nutzen und die Führungsarbeit zu verteilen.

135 ◯

Lauft 5 min ohne Unterbrechung um das Volleyballfeld. Dabei baut ihr immer wieder Elemente aus dem Lauf-Abc ein (Skippings, Anfersen, Hopserlauf, Tappings ...).

162 ◯

Lauft 5 min ohne Unterbrechung um das Volleyballfeld. Jede Minute macht ihr 10 Sekunden lang eine Sprintphase, in der ihr knapp unter eurer Höchstgeschwindigkeit lauft. Danach fallt ihr wieder in ein langsames Lauftempo.

AUFGABE 4: STOß

Schwerere Gegenstände können nicht mehr richtig geworfen werden, sondern müssen gestoßen werden. In der Wildnis kann dies z. B. der Fall sein, wenn Hindernisse aus dem Weg geräumt werden sollen oder auch bei der Jagd.

Ordnet die unten stehenden Beschreibungen den Phasen des Reihenbildes zu. Habt ihr das Rätsel richtig gelöst, findet ihr heraus, welche Bewegungsaufgabe ihr habt.

(1) Der freie Arm schwingt um den Körper, um einen Impuls nach vorne zu geben.

(2) Ausgangsposition, auch genannt „Stoßauslage". Das Gewicht ist auf dem Standbein (gleiche Seite, in der die Kugel gehalten wird). Das andere Bein, Spielbein genannt, wird nicht belastet. Der Oberkörper zeigt weg von der Stoßrichtung.

(3) Nach dem Heranziehen des Spielbeins an das Standbein wird es ruckartig gestreckt, um die Stoßbewegung einzuleiten.

(4) Das Standbein wird gebeugt, um einen größeren Beschleunigungsweg zu erhalten, der Körperschwerpunkt sinkt damit ab.

(5) Durch eine impulsive Streckung des Armes wird die Kugel vom Körper gestoßen.

(6) Das Spielbein setzt auf dem Boden auf und wird belastet. Der Oberkörper dreht sich in Stoßrichtung und baut Druck auf, indem er sich streckt.

Die richtige Reihenfolge lautet: ____ ____ ____ ____ ____ ____

Welche Bewegungsaufgabe ist die richtige? Kreuzt an und führt sie durch.

243165 ◯

Nehmt einen Medizinball und stoßt ihn möglichst impulsiv an die Wand. Macht an die Wand eine Markierung, die ihr mit dem Stoß treffen sollt. Orientiert euch in der Bewegungsausführung an der Bildbeschreibung. Die Aufgabe gilt dann als erfüllt, wenn jeder von euch die Markierung zweimal getroffen hat.

124365 ◯

Steht einander gegenüber und stoßt euch einen Medizinball zu. Orientiert euch in der Bewegungsausführung an der Bildreihe. Erhöht schrittweise den Abstand zueinander. Die Aufgabe gilt als erfüllt, wenn ihr alle mindestens 5 Meter auseinander gewesen seid und noch zum Partner gestoßen habt.

ABSCHLUSSRÄTSEL

Alle Aufgaben erledigt?

Dann habt ihr euren Aufenthalt in der Wildnis geschafft und seid jetzt bestens für das Überleben in freier Wildbahn gerüstet! Ihr habt bei den Aufgaben 1–4 insgesamt 4 Zahlen errätselt. Addiert diese Zahlen, um den Abschlusscode zu erhalten.

__________ + __________ + __________ + __________ = __________

HINWEISE FÜR DIE LEHRKRAFT

- ★ Niveau: leicht
- ★ Dauer: 1 Unterrichtsstunde
- ★ Einführung
- ★ Vorkenntnisse: keine besonderen Vorkenntnisse erforderlich

Didaktische Situierung

In diesem Breakout zum Thema „Bewegungskünste" erhalten die Schüler*innen die Möglichkeit, verschiedene Jonglagegeräte auszuprobieren und einfache Formen der Jonglage zu erlernen. Zudem werden Grundelemente der Akrobatik vermittelt.
In der **Einstiegsgeschichte** schlüpfen die Schüler*innen in die Rolle von potenziellen Zirkusakrobat*innen, indem sie von einem geheimnisvollen Zirkusmitglied die Möglichkeit bekommen, für den Zirkus zu trainieren. Die erlernten akrobatischen Grundfiguren sollen sie bei einer Zirkusaufführung vorführen. Allerdings kann dies nur über das Lösen verschiedener Aufgaben erfolgen.

Das Breakout eignet sich für einen Einsatz am Beginn einer Einheit zum Thema „Bewegungskünste", da es den Schüler*innen Lust auf mehr machen soll.
Der Zeitaufwand für das Breakout ist so geplant, dass es in einer Unterrichtsstunde gut durchzuführen ist.

Teams: Das Breakout sollte in Teams von drei bis maximal sechs Schüler*innen durchgeführt werden. Die Aufgaben sollten von allen Gruppen in der gleichen Reihenfolge 1 bis 4 bearbeitet werden, da gerade bei den Akrobatikfiguren die Schwierigkeit zunimmt. Daher gibt es bei diesem Breakout auch keine Schlusslösung.

Material: Die Materialien beschränken sich auf Bodenturnmatten und Jonglagebälle. Sinnvoll ist es, dass zu Beginn des Breakouts zunächst die Materialien für alle Rätsel bzw. Bewegungsaufgaben gemeinsam vorbereitet werden.

Übersicht über die Rätsel und Lösungen

AUFGABE 1: AKROBATISCHE GRUNDFIGUREN	
Kurzbeschreibung	Die Bewegungsaufgabe besteht darin, die akrobatischen Grundpositionen „Bank" und „Stuhl" zu erlernen. Um herauszufinden, worauf es bei den Positionen jeweils ankommt, müssen die Schüler*innen Bilder richtig zu den Positionen zuordnen und in die korrekte Reihenfolge bringen. Bei den Bildern stehen jeweils wichtige Aspekte der Positionen, die zu beachten sind. Werden die Bilder richtig sortiert, entstehen die Wörter „Bank" und „Stuhl".
benötigte Materialien	★ Bewegungsaufgabe „Akrobatische Grundfiguren" ★ Bodenturnmatten zur Sicherung
Lösung	Die Lösungswörter lauten: **Stuhl** und **Bank**.

AUFGABE 2: PYRAMIDE BAUEN	
Kurzbeschreibung	Die Schüler*innen erhalten die Aufgabe, eine komplexere Pyramide zu bauen. Wie dies genau geht, erfahren sie, wenn sie ein Rätsel zu den verschiedenen Belastungen bzw. Voraussetzungen in der Pyramide richtig lösen. Dem Bild der Pyramide bzw. den einzelnen Positionen müssen dazu die entsprechenden Voraussetzungen zugeordnet werden.
benötigte Materialien	★ Bewegungsaufgabe „Pyramide bauen" ★ Bodenturnmatten zur Sicherung
Lösung	Die korrekten Sätze sind: 1, 4, 5, 7. Das Lösungswort lautet: **Akrobatik**.

AUFGABE 3: FLIEGER	
Kurzbeschreibung	In dieser Bewegungsaufgabe soll der Flieger durchgeführt werden, der ebenfalls zu den Grundpositionen zählt. Um zu erfahren, worin die Bewegungsaufgabe besteht, muss zuerst eine Bildreihe in die richtige Reihenfolge gebracht werden. Bei der Durchführung soll darauf geachtet werden, dass 2 Schüler*innen den Flieger machen, während links und rechts jeweils eine Hilfestellung steht.
benötigte Materialien	★ Bewegungsaufgabe „Flieger" ★ Bodenturnmatten zur Sicherung
Lösung	Die richtige Zuordnung lautet: **1e); 2c); 3b); 4d); 5a)**.

AUFGABE 4: JONGLAGE	
Kurzbeschreibung	Hier erhalten die Schüler*innen die Aufgabe, die Balljonglage auszuprobieren bzw. zu erlernen. In einem Rätsel erfahren sie die einzelnen Schritte zum Erlernen der Drei-Ball-Jonglage. Die Bewegungsaufgabe gilt dann als gelöst, wenn mindestens ein Teammitglied es geschafft hat, 3 Bälle einmal zu werfen und zu fangen.
benötigte Materialien	★ Bewegungsaufgabe „Jonglage" ★ Jonglagebälle
Lösung	Die richtige Reihenfolge lautet: **m); k); g); a); n); f); h); b); c); o); j); l); i); d); e)**.

Der Zirkus ist in der Stadt!

Seitdem du als kleines Kind zum ersten Mal den Zirkus besucht hast, träumst du davon, selbst einmal in der Manege zu stehen und das Publikum mit spektakulären Bewegungen zu begeistern. Deinen Freunden geht es genauso. Und so steht ihr heute auf dem Festplatz eurer Stadt und beobachtet fasziniert die zahlreichen Zirkusfahrzeuge und das geschäftige Treiben.

Während die Zirkusleute ihr Zelt aufbauen und alles vorbereiten, erkundet ihr neugierig das Gelände. Plötzlich spricht euch jemand an: „Na, euch gefällt wohl die Zirkusluft, was?" Verdutzt schaut ihr euch um und seht, dass ein älterer Herr euch angesprochen hat. Ihr hättet schwören können, dass er gerade noch nicht da war, denn genau an der Stelle, wo er jetzt steht, habt ihr einen Augenblick zuvor noch niemanden gesehen. Es scheint, als wäre er aus dem Nichts aufgetaucht.

Verwirrt sucht ihr nach einer Antwort: „Äh, ja, schon, irgendwie ...". Während ihr noch stammelt, fährt der mysteriöse Herr schon fort: „Wisst ihr was, ich gebe euch die Möglichkeit, in unserem Zirkus aufzutreten – wenn ihr gut genug seid! Hier, nehmt diese Umschläge und zeigt, was ihr draufhabt!" Mit diesen Worten wirft er euch ein Bündel Umschläge zu und verschwindet hinter der nächsten Ecke. Ihr rennt ihm hinterher, um noch einige Fragen zu stellen, aber der Herr ist wie vom Erdboden verschluckt. Er ist genauso plötzlich verschwunden, wie er aufgetaucht ist.

Neugierig betrachtet ihr die vier Umschläge. Auf jedem Umschlag befindet sich eine Zahl von 1 bis 4. Hat euch der geheimnisvolle Herr etwa ein Rätsel mitgegeben? Und was meinte er mit „wenn ihr gut genug seid"?

Voller Neugier öffnet ihr den Umschlag mit der Nummer 1.

AUFGABE 1: AKROBATISCHE GRUNDFIGUREN

Für eure Zirkuskarriere müsst ihr ein paar Grundregeln und Grundfiguren der Akrobatik lernen.
Sortiert dazu die unten stehenden Bilder in die richtige Reihenfolge. Bei jedem Bild steht ein fettgedruckter Buchstabe. Wenn die Bilder in der richtigen Reihenfolge sind, ergeben die fettgedruckten Wörter den Namen der jeweiligen Figur. Zudem findet ihr bei jedem Bild einen kurzen Text, der auf wichtige Punkte der Bewegungsausführung hinweist. Beachtet diese Hinweise unbedingt, wenn ihr die Positionen selbst ausprobiert. Die Aufgabe gilt dann als erfüllt, wenn ihr die Namen der Positionen kennt und jeder von euch sie ausprobiert hat.

Teil 1:

H

Der aufsteigende Partner versucht, möglichst gestreckt nach oben zu gehen. Die Arme beider Partner sind zunächst im Ellenbogen leicht gebeugt, um besser ausgleichen zu können.

T

Ein Partner beugt dann leicht die Knie, während der andere einen Fuß auf einen Oberschenkel des Partners stellt. Für den Beginn ist es zu empfehlen, dass der untere Partner sich an der Wand anlehnt oder auf einem Kastenteil / einer Bank sitzt.

L

Der aufsteigende Partner setzt dann beide Füße sicher auf die Oberschenkel des Partners unten. Die Arme beider Partner werden dann gestreckt. Der obere Partner lehnt sich nach hinten und kann auf diese Weise den unteren Partner ein wenig nach vorne ziehen. Schließlich kann der obere Partner noch einen Arm ausstrecken.

U

Der Partner, der aufsteigt, bringt sein Gewicht vom Boden weg und steigt auf den Oberschenkel.

Fortsetzung siehe nächste Seite

S

Ihr steht einander gegenüber und fasst euch im Unterarmgriff. Das bedeutet: Jeder umfasst mit den Händen die Unterarme des Partners.

Lösungswort: ____ ____ ____ ____ ____

Teil 2:

K

Auch für Pyramiden mit mehreren Personen kann diese Grundposition als Ausgangsposition dienen, damit die Partner aufsteigen können. Wichtig ist immer, dass die unteren Partner nicht unangenehm belastet werden.

A

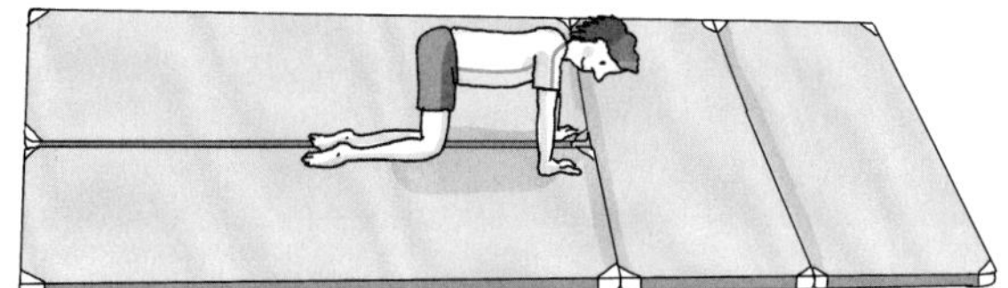

Knie und Handgelenke sollten dabei direkt unter dem Hüftgelenk bzw. dem Schultergelenk auf dem Boden aufstehen, um ungünstige Belastungen zu vermeiden.

B

Ein Partner kniet am Boden. Dabei sollten die Knie etwa hüftbreit auseinanderstehen und die Arme schulterbreit.

N

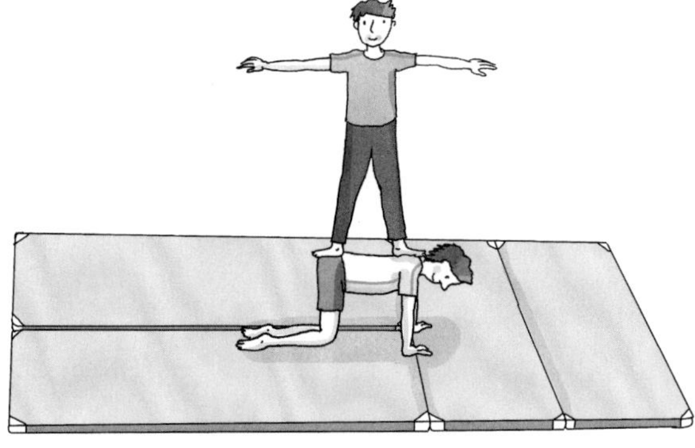

Die Grundposition des knieenden Partners kann als Grundlage für Pyramiden dienen. Ein zweiter Partner steigt auf den knieenden Partner auf. Dabei sollten die Füße auf dem Becken und auf Schulterhöhe stehen. Stehe nie direkt auf der Wirbelsäule!

Lösungswort: ____ ____ ____ ____

AUFGABE 2: PYRAMIDE BAUEN

Wunderbar! Die Grundpositionen „Bank“ und „Stuhl“ beherrscht ihr jetzt also. Damit könnt ihr jetzt eine etwas anspruchsvollere Pyramide bauen, z. B. die folgende. Gerne könnt ihr euch auch selbst eine Pyramide ausdenken.

Bevor ihr selbst eine Pyramide mit mehreren Personen baut, findet heraus, welche der unten stehenden Sätze richtig sind. Die fettgedruckten Silben dahinter ergeben ein Lösungswort.

1. Wichtig beim Pyramidenbau ist es, die Belastung immer möglichst senkrecht in Richtung Boden zu bringen. **A**
2. Beim Pyramidenbau spielt es keine Rolle, wer an welcher Stelle eingesetzt wird. **PY**
3. In der Bankposition kann eine Person direkt auf die Wirbelsäule aufsteigen. **RA**
4. Die oberste Person in der abgebildeten Pyramide braucht ein gutes Gleichgewichtsgefühl. **KRO**
5. Egal bei welcher Position, die Wirbelsäule sollte in den Pyramiden stets möglichst gerade gehalten werden. **BA**
6. Pyramiden können nicht höher als vier Stockwerke gebaut werden. **MI**
7. Je weiter unten eine Person in einer Pyramide steht, desto mehr Gewicht lastet auf ihr. Daher sollten leichte Personen eher nach oben, kräftige dagegen nach unten. **TIK**
8. Hilfestellungen werden beim Pyramidenbau nicht benötigt. **DE**

Richtige Silben: ______ ______ ______ ______

AUFGABE 3: FLIEGER

Ihr seid gut und lernt schnell!
Kommen wir daher zu einer Aufgabe, die Kraft und Beweglichkeit ebenso wie Gleichgewichtsgefühl benötigt: der Flieger!
Ordnet den einzelnen Bildern der Reihe den jeweils passenden Satz zu. Dadurch erfahrt ihr, worauf es bei der Bewegung ankommt, und könnt sie dann ausführen. Die Aufgabe gilt als erfüllt, wenn jeder von euch einmal versucht hat, oben und unten im Flieger zu sein!

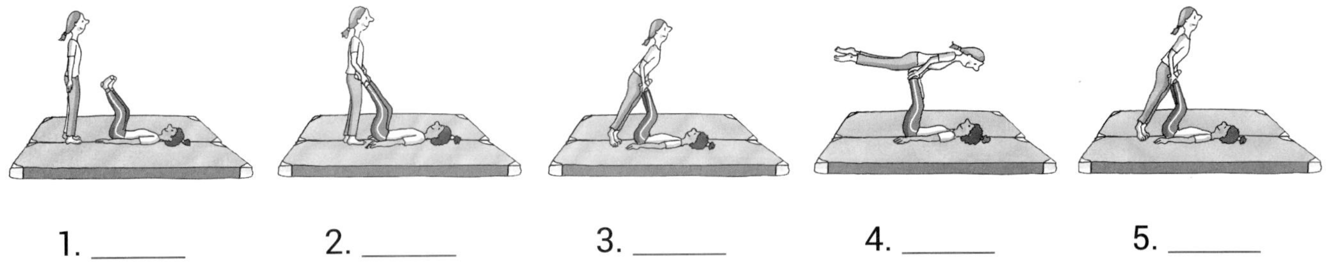

1. ______ 2. ______ 3. ______ 4. ______ 5. ______

a) Zum Beenden der Übung wird der fliegende Partner sanft auf dem Boden abgesetzt.

b) Der stehende Partner lässt sich nach vorne kippen und wird dabei vom liegenden Partner gestützt. Der liegende Partner hält idealerweise seinen Rücken auf dem Boden. Bei der Durchführung haltet zunächst links und rechts eine Sicherheitsstellung bereit, falls der Flieger abstürzen sollte. Die Sicherheitsstellung soll den Flieger auffangen können.

c) Der liegende Partner setzt seine Füße an die Hüfte des stehenden Partners. Die Beine sind dabei leicht gebeugt.

d) Nun streckt der liegende Partner seine Beine, sodass der bisher stehende Partner in eine fliegende Position kommt. Dabei muss er die Körperspannung halten, um wie ein Brett auf den Füßen seines Partners liegen zu können.

e) Ein Partner liegt auf einer Matte auf dem Rücken und streckt die Beine in die Luft. Der andere Partner steht mit Blick zu ihm vor seinen Füßen.

AUFGABE 4: JONGLAGE

Nach der Akrobatik steht jetzt die Jonglage auf dem Programm!
Bisher habt ihr euch hervorragend geschlagen. Wenn ihr beim Jonglieren genau so gut seid, steht eurem Auftritt im Zirkus nichts mehr im Weg!
Also, los geht's, dass ihr auch das Jonglieren meistert.

Löst zunächst das folgende Rätsel, um die Schritte zum Erlernen der Drei-Ball-Jonglage zu erfahren. Dazu müsst ihr nur die Sätze in die richtige Reihenfolge bringen. Dann erhaltet ihr eine Anleitung zum Erlernen des Jonglierens.
Die Bewegungsaufgabe gilt dann als erfüllt, wenn es mindestens einem von euch gelingt, drei Bälle zu werfen und wieder zu fangen. Schafft ihr sogar mehr, umso besser!

a) Der Ball sollte dabei etwa bis auf Augenhöhe geworfen werden und direkt in der anderen Hand landen.

b) Dabei kannst du „Hopp-hopp" sagen, um dir einen Rhythmus vorzugeben.

c) Auch das Werfen von zwei Bällen machst du so lange, bis es halbwegs sicher gelingt.

d) Konzentriere dich zunächst nur auf das Werfen und lasse die Bälle zu Boden fallen. Du solltest deutlich hören, dass die Bälle nacheinander auf dem Boden aufkommen.

e) Gelingt dies, heißt es üben, üben, üben, bis du sicher werfen und fangen kannst.

f) Funktioniert dies einigermaßen sicher, nimm einen zweiten Ball dazu.

g) Wirf dann zunächst einen Ball von einer Hand in die andere.

h) In jeder Hand hältst du einen Ball. Diese Bälle wirfst du nun nacheinander genauso, wie du den einen Ball geworfen hast.

i) Auch in diesem Schritt kannst du wieder „Hopp-hopp-hopp" sagen.

j) Leichter fällt es in der Regel, wenn man zwei Bälle in der starken Hand (Rechtshänder also rechts) hat, in der anderen nur einen.

k) Dadurch bleiben deine Arme am Körper.

l) Versuche dann die drei Bälle nacheinander in die Luft zu werfen.

m) Halte in der Ausgangsstellung deine Arme im Ellenbogen ca. 90° gebeugt und stelle dir vor, du musst mit deinen Oberarmen eine Zeitung einklemmen.

n) Die Hand sollte sich nicht allzu sehr bewegen müssen, um den Ball zu fangen.

o) Nimm dann einen dritten Ball dazu.

Richtige Reihenfolge: ___ ___ ___ ___ ___ ___ ___ ___ ___ ___ ___ ___ ___ ___ ___